神に愛された女性たち

西洋名画と読む聖書

大嶋裕香
Oshima Yuka

教文館

まえがき

聖書の中には実に多くの女性が登場します。旧約聖書では、神様に創造された人類最初の女性エバ、信仰の祖先と言われたアブラハムの妻サラ、サラの息子イサクの妻リベカ、イエス・キリストの祖先として系図に記されているルツやバテ・シェバ。新約聖書では、イエス様と直接出会った女性たちが登場します。イエス様の母マリヤ、人目を避けて隠れて生きていたサマリヤの女、婦人病を患っていた長血の女、イエス様の女弟子とされるマグダラのマリヤなど。当時、女性や子どもは数に入れないと言われていた時代に、聖書は神様に出会った女性たちの人生を詳細に記しています。聖書の中の女性たちは特別な才能を持った人とは限りません。名もなく地味で目立たない女性も少なくありません。

神様との出会いは、だれかの妻、母、姉妹という肩書ではなく、その女性個人の本質に迫り、その人生を丸ごと変えてしまうような出会いです。神様との関わりによって、女性の罪深さ、弱さなどが顕《あらわ》にされますが、同時に女性の細やかさ、柔らかさ、強さも見えてきます。義なる神という側面から、旧約聖書の女性たちに関しては、女性の罪の部分や裁き、教訓という印象が強いかもしれません。一方、新約聖書の女性たちはイエス様に直接出会い、束縛や病などから解放された人生が描かれていることも多いので、癒やし、赦《ゆる》しなどの印象を強く受けるかもしれません。ですから、後半の新約聖書の女性たちから読んでいただいてもかまいませんし、順番にこだわらず、興味深いテーマの女性から読んでいただいても嬉しく思います。

聖書を読む時、とりわけ女性たちの物語に思いを馳《は》せる時、私はその女性を自分と置き換えて読む、ということをします。目を閉じて、その女性と神様との出会いの場面を想像してみるのです。イエス様に直接声をかけられた新約聖書の女性ならば、呼びかけられたその場面に自分がいたとしたらどうだっただろう、と考えてみます。数千年前の中東の女性ではなく、今、ここで、「私」に話しかけられた言葉として聖書を読む時、そこに新しい発見があり、気づきがあり、喜びが湧いてくることもあるでしょう。遠い世界の昔話ではなく、現代の女性たちにも語りかけ、またその人生を変えてしまう不思議な力あるメッセージが聖書から立ち上がってくることでしょう。ぜひ前後の聖書の箇所も読んでいただいて、神様との出会いを体験していただきたいと思います。

もくじ

新約聖書の女性たち

装丁　後藤葉子

旧約聖書の女性たち

扉：ティツィアーノ・ヴェチェッリオ「アダムとエバ」（1550年）

盛期ルネサンス派のイタリア人画家。エバが蛇にそそのかされ、知識の木の実をもぎとろうとする場面。男性を惑わすのは女性の罪の性質の一つ。

Chapter 1
エバ

女性の創造

神である主は仰せられた。「人が、ひとりでいるのは良くない。わたしは彼のために、彼にふさわしい助け手を造ろう」。

……神である主は、人から取ったあばら骨をひとりの女に造り上げ、その女を人のところに連れて来られた。人は言った。

「これこそ、今や、私の骨からの骨、
私の肉からの肉。

これを女と名づけよう。

これは男から取られたのだから」。

それゆえ男はその父母を離れ、妻と結び合い、ふたりは一体となるのである。

（創世記2章18節、22―24節）

世界で最初の女性、エバ

カリフォルニア州でクリスチャンの日本人留学生の大会が開かれた時、夫がメイン集会の講師として、私は女性集会の講師として出席することになりました。集会のテーマは「神の国」。私は「神の国を建て上げる女性たち」と題して、準備を始めました。その時に、「女性はどのように創造されたのか」「女性の弱い点、優れている点は何か」「女性の犯しやすい罪は何か」「罪を犯し、堕落したところからどのように回復していくのか」といったことをお話ししました。聖書に記されている最初の女性、エバについて知る大きなきっかけとなりました。

聖書には、神様が人を創造されたと記されています。「さあ人を造ろう。われわれのかたちとして、われわれに似せて」、「神は人をご自身のかたちとして創造された。神のかたちとして彼を創造し、男と女とに彼らを創造された」（創世1・26、27）。初めに男性が造られ、「人が、ひとりでいるのは良くない」（2・18）と、女性が造られました。

人は三位にして一体である神様に似せられて造られました。神様は、父なる神、子なるキリスト、聖霊なる神という三つの人格を持ち、互いに愛の交わりを持っておられる方です。ですから、人が一人きりでいることは、神様の似姿《にすがた》として足りないのです。女性は、三位一体の神様の愛の交わりをこの世に生み出すための存在として、造られました。そして、神様のお造りになったすべてのものは「非常に良かった」（1・31）のです。

また女性は、「彼にふさわしい助け手」（2・18）として造られました。「ふさわしい」とは、「向かい合う」「面する」という意味です。この「助け手」という言葉には、「エゼル」という言葉が使われています。「エリエゼル」「エベンエゼル」というような「神からの助け」という時に使われる言葉です。ですから、女性はただ単にヘルパーとして、お手伝いさんとして造られたのではありません。男性が神様との交わりに生きることができるように、また男性とともに神様に応答し、神様が助けるように男性を助ける存在として女性は造られました。集会の準備のために夫婦で創世記を読んでいた時、「女性は、交わりに欠かせない大事な存在なんだね」と夫が言った言葉に心からの感動を覚えました。

助け手として造られた女性には、助けるために今何が必要であるかを察知する感性が与えられています。いわゆる直感に優れているのです。そして、助けるために自分自身を与えること、相手を愛することに長《た》けています。交わりを生み出す存在として、言葉を駆使する力、相手に共感する力も豊かに与えられていると言えるでしょう。女性が集まると、お茶一杯で何時間でも話していられます。教会における婦人会の盛り上がりも、その賜物《たまもの》ゆえと言えるのではないでしょうか。

あばら骨からの創造

さらに、女性は男性のあばら骨から造り上げられました。男性の頭の骨からでもなく、足の骨からでもありません。男性と対等の存在として造られた女性を示唆しているように思われます。男性は初め、孤独でした。家畜や空の鳥、野の獣たちが彼のところに連れて来られましたが、ふさわしい助け手はその中に見い出せなかったのです。そこで、神様が深い眠りを彼に与えられ、眠りのうちにあばら骨から女性が造られます。男性はもしかしたら、失意のうちに眠ったのかもしれません。しかし、目を覚ました時にそこにふさわしい助け手を見い出すのです。

「私の骨からの骨、私の肉からの肉」（2・21）という男性の言葉は、自分の体の一部のような、同等の親しい存在、助け合い、愛し合える者に出会えた！　という喜びの叫びのように感じられます。それは女性にとっても、人格を丸ごと肯定されるような、喜びと愛に満ちた言葉として受け取れたものだったでしょう。

その後、二人は「結び合い」、「一体となる」のでした。ここに夫婦における性の関係が表されていますが、「妻と」とあるように、それは夫婦関係に与えられた親密な、人格的なものです。二人が糊付けされたようにぴったりとくっつき、一つとされていきます。

聖書では性の関係は「知る」という言葉でも表されています。人格を持ち、互いに愛の交わりを持つものとして創造された人間にとって、言葉をもって、また肉体をもって相手を知ることはそれほどに大事なのです。夫婦における言葉を交わすことの大切さ、体を交わすことの大切さを知ることができます。人とその妻は裸であっても互いに恥ずかしいとは思わず、すべてをさらけ出しても受け入れ合える素晴らしい関係でした。

しかし、女性が蛇にそそのかされ、神様との約束を破って園の中央にある木の実を食べて罪を犯した結果、神様との関係も夫婦の関係も壊れてしまったのです。

罪の結果

女性の罪の性質として、まず第一に言えるのは、みことばへの曖昧な姿勢です。神様はエデンの園の「善悪の知識の木からは取って食べてはならない」（2・17）という約束を、女性が造られる前に男性にのみ話されました。もしかしたら男性が女性に正しく伝えていなかったのかもしれませんが、そのような大事な約束は、おそらくきちんと伝えていたことでしょう。女性が正確に聞いていなかった、ということも大いにあり得ることです。神様は「取って食べてはならない」「必ず死ぬ」とおっしゃたのに、女性は「触れてもいけない」「死ぬといけないからだ」（3・3）と、蛇に間違って答えています。このみことばに対する曖昧な姿勢、自分にとって都合よく解釈しようとする弱さが、罪を犯す引き金になったのではないでしょうか。

第二の罪の性質は、男性を誘惑するということです。女性は自ら木の実を食べた後、男性にも木の実を渡して誘惑しました。自分だけが罪の責任を負わないように、という考えがあったのかもしれません。創世記3章13節でも、蛇のせいにして悔い改めることはしません。私は結婚する前に母教会の牧師から、「女性は皆エバですよ」という言葉をよく聞かされていました。その気がなくても、ちょっとした言葉や仕草で男性を誘惑してしまうという性質が女性にはあるのです。また、言い訳を作って罪を認めようとしないという姿も、夫婦喧嘩《げんか》をした時の自分の姿を見ているようです。

第三の罪の性質は、男性を支配したいという欲望がある、ということです。「あなたは夫を恋い慕うが、彼は、あなたを支配することになる」（3・16）。この「恋い慕う」という言葉は、「好き」「愛する」という意味ではなく、「強く望む」「支配する」という意味です。「情によってからめ取りたい」「男性を手の平で転がしたい」という情欲を表す言葉なのです。女性は本能的に男性の急所を見定め、とっておきの時にそれを持ち出して生かすも殺すもできるようにしておく、ということができます。そして男性に従うよりも男性を自分に従わせたいという欲望がありはしないでしょうか。しかし、結局は男性の暴力的支配に置かれるというのが、罪を犯した結果の悲惨な末路です。それとともに、罪の結果として女性にはみごもりの苦しみが増すことになりました。

エバという名前

その後、「人は、その妻の名をエバと呼んだ」（3・20）。

「エバという名前は、罪を犯した後にアダムがつけた名前なのよね。あなたがたも夫婦喧嘩をした後、奥さんのことを愛と尊敬を込めて呼んでいますか、って講師の先生が牧師の会で語られたそうよ」。懇意にしている牧師夫人の友達が、あるとき教えてくれました。罪を犯した後に女性には「エバ」という名前がつけられました。その名前をつけたのは夫でした。「すべて生きているものの母」（3・20）、いのちのみなもと、という意味です。

私はこの名前の響きに、夫アダムのエバに対する愛情と尊敬を感じるのです。しかも罪を犯した後に、自分をも罪に誘惑した妻に対して、このような素晴らしい名前を与えるとは、なんと度量の広い男性でしょうか。私自身の結婚生活を振り返ってみても、夫に赦されてきたことのいかに多かったことでしょう。失敗しても罪を犯しても、愛情と尊敬を込めて名を呼んでくれ、失敗をともに背負ってくれる伴侶《はんりょ》の存在に幾度となく助けられてきました。そして、その夫の存在の背後には、偉大なる神様の愛と赦しがあるのです。

「神である主は、アダムとその妻のために、皮の衣を作り、彼らに着せてくださった」（3・21）。皮の衣は、彼らが自分たちの裸を隠すために用意したいちじくの葉のように枯れることはありません。動物の血が流されることによって作られる皮の衣は、イエス・キリストの十字架の救いを着ることを意味しています。エバの末裔《まつえい》である私自身、日々罪を犯す存在ではありますが、キリストの救いをいつも身に着けて歩んでいきたいと思わされます。

Chapter 2 サラ

新しい名前

また、神はアブラハムに仰せられた。「あなたの妻サライのことだが、その名をサライと呼んではならない。その名はサラとなるからだ。わたしは彼女を祝福しよう。確かに、彼女によって、あなたにひとりの男の子を与えよう。わたしは彼女を祝福する。彼女は国々の母となり、国々の民の王たちが、彼女から出て来る」。アブラハムはひれ伏し、そして笑ったが、心の中で言った。「百歳の者に子どもが生まれようか。サラにしても、九十歳の女が子を産むことができようか」。そして、アブラハムは神に申し上げた。「どうかイシュマエルが、あなたの御前で生きながらえますように」。すると神は仰せられた。「いや、あなたの妻サラが、あなたに男の子を産むのだ。あなたはその子をイサクと名づけなさい。わたしは彼とわたしの契約を立て、それを彼の後の子孫のために永遠の契約とする。……」

（創世記17章15―19節）

夫に従うサラ

サラ（サライ）はアブラハム（アブラム）の妻で、「国々の母」と呼ばれた女性です。サラのことは新約聖書にも言及されています。

「同じように、妻たちよ。自分の夫に服従しなさい。たとい、みことばに従わない夫であっても、妻の無言のふるまいによって、神のものとされるようになるためです。それは、あなたがたの、神を恐れかしこむ清い生き方を彼らが見るからです。あなたがたは、髪を編んだり、金の飾りをつけたり、着物を着飾るような外面的なものでなく、むしろ、柔和で穏やかな霊という朽ちることのないものを持つ、心の中の隠れた人がらを飾りにしなさい。これこそ、神の御前に価値あるものです。むかし神に望みを置いた敬虔な婦人たちも、このように自分を飾って、夫に従ったのです。たとえばサラも、アブラハムを主と呼んで彼に従いました。あなたがたも、どんなことをも恐れないで善を行えば、サラの子となるのです」(Ⅰペテロ3・1―6)。

サラは夫に従った女性でした。神様が約束されたカナンの地に行くために、夫や家族とともにウルを出て、ハランに住み着きました(創世11・31)。そこで、主はアブラムに彼を祝福すると約束され、アブラムは七十五歳の時にハランを出ました。サラの一生は旅人の一生でした。神様が行けと言われた土地に、夫とともに出向きました。旅をするにはいろいろな物を置いて、身軽になって出て行かなくてはなりません。

しかし、サラもアブラハムも完全無欠な人間ではありません。二人でごまかして、エジプトの王の前でサラを自分の妻ではなく、妹と偽ったり、女奴隷のハガルにイシュマエルを産ませたあと、彼女と息子を迫害したり……。

「信仰の父」と呼ばれた夫アブラハムのいいかげんな態度を受け入れ、赦すという葛藤もサラにはあったことでしょう。さまざまな不安や恐れも主に委ねて、夫に従うというのは、信仰がなくてはできないことではないでしょうか。

新しい名前に

サラというのは新しい名前です。アブラムからアブラハムへと名前が変わったように、サラもサライではなく、神様から新しい名前をもらいました。サライもサラも意味的には変わらず、「王女、女王」という意味です。しかし、この新しい名前をもらったということは、彼女にとっての転機でした。神様は契約のしるしを与え、アブラハムの約束の子がサラから生まれることをはっきりと示します。サラは神様の約束を受けたのです。

私たちはどうでしょうか。イエス・キリストを信じた時、神様の子どもとなり、古い自分は死に、新しいいのちに移し替えられました。カトリックでは、洗礼名という新しい名前を授けられます。プロテスタントでは聖公会のほかには洗礼名を与えられるということはほとんどないようです。

しかし、あるセミナーに出た時、面白い体験をしました。アブラハムやサラが新しい名前をもらったように、主を信じる前と後とで私たちが変えられた時に名前をいただいたとしたら、どんな名前かを考えるというものでした。

私の名前は「裕香《ゆか》」といいます。両親がまだクリスチャンでない時に、字画を占ってもらってつけられた名前です。子ども時代は、周りの友達の名前は「〇子」と「子」がつく名前がまだ多い時代でした。私は自分の名前にも「子」がついていたら良かったのに、とひそかに残念に思っていました。しかし、大人になって自分の新しい名前を考えた時から、私は自分の名前を感謝して受け入れられるようになりました。

私の新しい名前は、「ゆたかに祈る」です。「裕」は、裕福の裕、ゆたかなという意味です。そして「香」は詩篇やヨハネの黙示録では「香《こう》」、祈りの意味なのです（詩篇141・2、黙示録5・8）。聖書を読みつつこのことを知ってからは、自分はゆたかに祈る人なのだ、そのような新しい人生になったのだと受け止めています。あなたの新しい名前は何でしょうか。友達や家族と考えて分かち合ってみるのも楽しいものです。

サラの信仰

さて、新しい名前をもらったサラですが、こうも記されています。「信仰によって、サラも、すでにその年を過ぎた身であるのに、子を宿す力を与えられました。彼女は約束してくださった方を真実な方と考えたからです」（ヘブル11・11）。

「サライは不妊の女で、子どもがなかった」（創世11・30）。しかし、九十歳になってから、子どものイサクが与えられます。神から子どもが与えられると聞いたアブラハムはそれが信じられず笑ったので、子どもの名はイサク（「彼は笑った」の意味）と名づけられました。サラもまた笑いました。

「アブラハムとサラは年を重ねて老人になっており、サラには普通の女にあることがすでに止まっていた。それでサラは心の中で笑ってこう言った。『老いぼれてしまったこの私に、何の楽しみがあろう。それに主人も年寄りで』」(18・11―12)。

この時の神様とサラとのやりとりがとても人間的で、私はサラに親しみを覚えます。神様のみことばを信じられず、鼻で笑うような姿。決して表には出さず、心の中でそっと笑うような姿は人間の本来の姿ではないでしょうか。

「そこで、主がアブラハムに仰せられた。『サラはなぜ「私はほんとうに子を産めるだろうか。こんなに年をとっているのに」と言って笑うのか。主に不可能なことがあろうか。わたしは来年の今ごろ、定めた時に、あなたのところに戻って来る。そのとき、サラには男の子ができている』。サラは『私は笑いませんでした』と言って打ち消した。恐ろしかったのである。しかし主は仰せられた。『いや。確かにあなたは笑った』」(18・13―15)。

サラもアブラハムも最初は信じられなかったのでしょう。しかし、「主は、約束されたとおり、サラを顧みて、仰せられたとおりに主はサラになさった。サラはみごもり、そして神がアブラハムに言われたその時期に、年老いたアブラハムに男の子を産んだ」(21・1―2)。神様は約束が真実であること、神様に不可能なことはないということを知らされます。また、もし私たちが神様を信じられずに笑ってしまったとしても、神様

レンブラント・ファン・レイン「三天使をもてなすアブラハム」
ネーデルラント連邦共和国（現オランダ）のバロック期を代表する画家。ドアの後ろにいるのがサラ。「来年の今ごろ男の子ができている」という神の知らせに、信じられず思わず笑ってしまう。

は私たちをあわれんでくださるお方なのです。

神様は笑わせてくださる

「アブラハムは、その子イサクが生まれたときは百歳であった。サラは言った。『神は私を笑われました。聞く者はみな、私に向かって笑うでしょう』。また彼女は言った。『だれがアブラハムに「サラが子どもに乳を飲ませる」と告げたでしょう。ところが私は、あの年寄りに子を産みました』」（21・5―7）。

6節の「神は私を笑われました」は、直訳すると「神は私に対して私のために笑いを作られた」「神は私を笑わせてくださった」という意味です。かつてみことばの約束を信じられないで笑ってしまった笑いとは対照的に、今度は喜びの笑いをくださった、ということでしょう。私たちが信じられなくても受け入れてくださり、笑いさえ与えてくださる神様の広さ、長さ、高さ、深さを思わされます。

私自身のことを振り返ってみても、若い頃は斜めから物事を見て、聖書を読んでいてもどこか皮肉めいた笑いを浮かべることがありました。しかし、家族が与えられてから思いがけないようなことの連続で、お腹の底から笑うような出来事がたくさんありました。夫や子どもという自分とは別の人格との出会いによって、笑いに満ちた豊かな人生に変えられたという思いがあります。

サラの晩年

その後、サラは百二十七歳まで生きました。また、息子イサクがリベカをめとった時にはこのような記述があります。「イサクは、その母サラの天幕にリベカを連れて行き、リベカをめとり、彼女は彼の妻となった。彼は彼女を愛した。イサクは、母のなきあと、慰めを得た」（24・67）。

サラはその家族にとって、とても大きな存在だったことがわかります。サラは六十代でも旅をし、ハガルとの確執で悩み、九十歳で子どもを産み、育てました。若い時から不妊の女としての心の痛みもあったことでしょう。また、晩年になってから生まれたかわいいわが子をささげなければならないという苦境にも立たされました。しかし、サラと約束し、子をみごもらせ、新しい名前を授けてくださった神様がサラとともにいつもいてくださったのです。また、彼女の家族とともにいてくださったのです。サラは、イスラエルの国の母となった女性でした。

Chapter 3

リベカ

母子関係

イサクは自分の妻のために主に祈願した。彼女が不妊の女であったからである。主は彼の祈りに答えられた。それで彼の妻リベカはみごもった。子どもたちが彼女の腹の中でぶつかり合うようになったとき、彼女は、「こんなことでは、いったいどうなるのでしょう。私は」と言った。そして主のみこころを求めに行った。すると主は彼女に仰せられた。

「二つの国があなたの胎内にあり、
二つの国民があなたから分かれ出る。
一つの国民は他の国民より強く、
兄が弟に仕える」。

出産の時が満ちると、見よ、ふたごが胎内にいた。
（創世記25章21―24節）

イサクとの結婚

「リベカ」と聞いてまず思い浮かぶのは、イサクの妻として見初《みそ》められる美しい結婚の場面です。アブラハムの息子の嫁を探しに、しもべがナホルの町に行き、そこで見つけたのがリベカでした。彼女はしもべだけでなく、らくだにも水を汲んでくれた娘だったのです。「この娘は非常に美しく、処女で、男が触れたことがなかった。彼女は泉に降りて行き、水がめに水を満たし、そして上がって来た」（創世24・16）。また、しもべにも「水を飲ませ終わると、彼女は、『あなたのらくだのためにも、それが飲み終わるまで、水を汲んで差し上げましょう』と言った」（24・19）。美しく、処女であっただけでなく、「すばやく」しもべに水を飲ませたり、「井戸のところまで走って行」くという敏捷《びんしょう》な動き、労働を厭《いと》わない働き者、健康な肉体、気が利き、頭の回転が早い女性のように思われます。

しもべから金の飾り輪と二つの金の腕輪を受け取ったリベカは、自分の家にしもべを

マルク・シャガール「リベカの結婚のためのしもべ」(1931年)

20世紀ロシア出身のフランスの画家。アブラハムの使用人が水を求めると、リベカはそのらくだにまで水を汲んだ。この頃はまだ美しい心だったのに……。

招き、そこでイサクの妻となることが母たちに伝えられます。兄と母は、「娘をしばらく、十日間ほど、私たちといっしょにとどめておき、それから後、行かせたい」(24・55)と申し出ますが、「この人といっしょに行くか」と問われると、リベカは即座に「はい。まいります」と答えるのです。明朗活発な、物事を即断できる積極的な性格がうかがえます。

その後、野に散歩に出かけたイサクは、ベールをかぶったリベカと出会い、しもべからの報告を受けました。「イサクは、その母サラの天幕にリベカを連れて行き、リベカをめとり、彼女は彼の妻となった。彼は彼女を愛した。イサクは、母のなきあと、慰めを得た」(24・67)。この二人が出会う夕暮れの場面はとても美しく、「神様が備えられた結婚はなんて素敵でしょう」と夢見るような場面ではないでしょうか。しかし、その後の二人の結婚生活、家庭生活には暗い影が生じてくるのです。

偏った愛

イサクがリベカを妻にめとったのは四十歳(25・20)、そして、不妊だったリベカがみごもったのは、イサクが六十歳の時でした(25・26)。二十年間待ち続け、やっとみごもった双子が腹の中でぶつかり合い、リベカはとまどいます。また主からは、「兄が弟に仕える」（25・23）と仰せられます。

このことは、ローマ人への手紙9章10節から16節に書いてある通りです。

「このことだけでなく、私たちの父イサクひとりによってみごもったリベカのこともあります。その子どもたちは、まだ生まれてもおらず、善も悪も行わないうちに、神の選びの計画の確かさが、行いにはよらず、召してくださる方によるようにと、『兄は弟に仕える』と彼女に告げられたのです。『わたしはヤコブを愛し、エサウを憎んだ』と書いてあるとおりです。それでは、どういうことになりますか。神に不正があるのですか。絶対にそんなことはありません。神はモーセに、『わたしは自分のあわれむ者をあわれみ、自分のいつくしむ者をいつくしむ』と言われました。したがって、事は人間の願いや努力によるのではなく、あわれんでくださる神によるのです」。

エサウは猟師、野の人になり、ヤコブは穏やかな人となり、天幕に住みました。そして、イサクはエサウを、リベカはヤコブを愛しました。もちろん、神様の選びの不思議さのゆえもあったでしょう。しかし、リベカの息子ヤコブへの偏った愛情が、のちに長子の権利を奪ったり、イサクをだましたりすることにつながったとも考えられます。

私の最初の子は娘で、二年後に息子が生まれました。たしか息子が一歳頃だったでしょうか。うちに遊びに来た学生時代からの友人が、私の子育てを見て、「息子さんに夢中だね」と言ったのです。私はその言葉が今でも忘れられません。その時は一番手がかかる時期でしたし、必死になって息子に食事をあげていた時期でした。自分ではまったく気づきませんでしたが、私の表情や声かけから、友人はそれを見てとったのです。そして多分に母親は、同性よりも異性である息子に甘くなるといった一面がありはしないでしょうか。

リベカの場合は二人とも息子でしたが、えてして長子よりも末っ子のほうが甘えるのが上手で、甘やかすことが多いかもしれません。親がいくら努力して子どもたちを公平に育てようと思ったとしても、罪人である人間には限界があり、ゆがみや偏りがあるのです。家庭セミナーなどでお話をしていても、「兄弟を公平に愛せない。上の子が可愛く思えない」といった親の悩みを聞くこともあります。私たちは実の子どもにさえ完全な愛を注げない罪人であることを知り、祈り深く子育てをしていく必要を教えられます。

最近、「毒親」という言葉をよく耳にするようになりました。子どもを支配し、その人生を縛っていく親のことです。子どもを一人の人格として見るのではなく、親の思い通りにコントロールし、干渉します。自分のなし得なかった夢を子に投影させることもあり、結果的には子どもを苦しませます。親子関係だけではなく、兄弟、夫婦、親戚といった身近な人間関係によって傷つけ合うこと、それは子どもの頃のことだけではありません。私たちが大人になってからも苦しむことが多々あるのです。

異教の義理の娘

また、この夫婦の悩みの種となったものに、異教の義理の娘たちの存在がありました。「エサウは四十歳になって、ヘテ人ベエリの娘エフディテとヘテ人エロンの娘バセマテとを妻にめとった。彼女たちはイサクとリベカにとって悩みの種となった」(創世26・34―35)。口語訳聖書では、「心の痛みとなった」と訳されています。エサウは母リベカからの愛を受けずに育ちました。その行く末は異教の娘との結婚です。つまり信仰の継承ができなかった。そのことも家族に暗い影を落としました。

イサクは家畜の繁殖、農業の成功を収めていましたが、ペリシテ人たちのうらみをかったりと、長く一つのところにとどまるといった安定的な生活とはほど遠いものでした。「イサクはその地に種を蒔き、その年に百倍の収穫を見た。主が彼を祝福してくださったのである。こうして、この人は富み、ますます栄えて、非常に裕福になった。彼が羊の群れや、牛の群れ、それに多くのしもべたちを持つようになったので、ペリシテ人は彼をねたんだ」(26・12—14)。

神様からの祝福を受け、裕福になる一方で、周りからのねたみをかったり、異教の義理の娘たちの存在があったりと、リベカの心の中には絶えず痛みがあったのです。

美点が欠点にもなる

その後、ついにリベカはヤコブと示し合わせて、イサクをだましてエサウの長子の権利を奪い取ることに成功します。妻となった時には美点であった、敏捷性、積極性、頭の回転の良さが、主に用いられるのでなければ、夫や子をだましたり、家庭内の争いを生む原因になったりすることも考えさせられます。

リベカはイサクのためにおいしい料理を作り、ヤコブに祝福を得るようにと話します。「母は彼に言った。『わが子よ。あなたののろいは私が受けます。ただ私の言うことをよく聞いて、行って取って来なさい』」(27・13)。

この言葉から、「のろいは私が受け」るという執念深さ、執拗さ、「ただ私の言うことをよく聞いて」という子に対する支配性を思わされます。また子に対してだけでなく、夫さえもだまし、ごまかし、裏切るといったリベカの支配性を感じるのです。最初は愛し合っていたイサクとリベカだったかもしれません。しかし、双子の誕生後、夫婦の偏った愛情は、兄弟の間にも嫉妬や争いを生みました。もしかしたら、ゲラルに住んでいた時にイサクがリベカを自分の妹と偽り、ゲラルの王に申し出た時のことが、夫婦の間に波風を立てたのかもしれません（26・6―17）。女性は過去に夫からされたことをいつまでも覚えていて、とっておきの時にそれを持ち出し、復讐するということがあるからです。いずれにせよ、夫婦の小さなすれ違いが、家族の分散を招いたということを、私たちも心するべきだと思います。

神様の選びの不思議さ

父と兄をだまして長子の権利を獲《え》たヤコブは家から逃れ、今度は自分がラバンにだまされ、つらい年月を送ることになりました。リベカも最愛のヤコブと離れることになり、身を切られる思いがしたことでしょう。ヤコブが二十年後にハランから大家族とともに帰って来た時には、リベカに関する記述はないので、イサクよりも先に召されていたのかもしれません。リベカの死の詳しい記述はありませんが、アブラハムと妻サラが葬られたところに、「イサクと妻リベカも葬られ」たことがわかります（49・31）。

しかし、この罪深い女性リベカの息子ヤコブを、神様はイスラエルと呼び、祝福されるのでした。そしてそれは、実に人間の努力や願いによるのではなく、神のあわれみ、いつくしみのゆえでした。リベカと子たちとの関係を見る時に、ゆがみやすい母子関係、身近な人間関係の中にこそ、神様のあわれみといつくしみを注いでいただきたいと切に願います。

Chapter 4

ミリヤム

指導者

パロの馬が戦車や騎兵とともに海の中に入ったとき、主は海の水を彼らの上に返されたのであった。しかしイスラエル人は海の真ん中のかわいた土の上を歩いて行った。

アロンの姉、女預言者ミリヤムはタンバリンを手に取り、女たちもみなタンバリンを持って、踊りながら彼女について出て来た。

ミリヤムは人々に応えて歌った。

「主に向かって歌え。
主は輝かしくも勝利を収められ、
馬と乗り手とを海の中に投げ込まれた」。

（出エジプト記15章19―21節）

モーセの姉ミリヤム

ミリヤムとは、七十人訳では「マリアム」で、新約時代のマリヤにあたる名前です。「女預言者」であり、モーセとアロンの姉であったミリヤムの生涯は、波乱に富んだものでした。

彼女は幼いモーセを救い、後に女性として指導者的立場に立ち、イスラエルの民たちの賛美をリードしました。しかしその後、指導者モーセを非難し、重い皮膚病にかかり、神様の怒りをかうことにもなってしまいました。彼女の人生を幼い頃から見ていきましょう。

ミリヤムは幼い頃から賢くて機転が利く、リーダーシップを備えた女性だったようです。モーセが生まれた時代、ヘブル人たちはエジプトの奴隷として働かされていましたが、その数が増えたことによって恐れたパロは、「生まれた男の子はみな、ナイルに投げ込まなければならない。女の子はみな、生かしておかなければならない」（出エジプト1・22）という命令を出しました。しかし、モーセの母親はわが子を殺すことなどできず、三か月間隠していました。しかし、隠しきれなくなったため、パピルス製のかごに入れて、ナイル川の岸の葦《あし》の茂みの中に置きました。その後、水浴びをしていたパロの娘によって発見されたモーセは、命を救われることになったのです。その一連の出来事にもミリヤムは大いに関わっています。「その子の姉が、その子がどうなるかを知ろうとして、遠く離れて立ってい」（2・4）ました。

また、モーセが見つかったとき、「その子の姉がパロの娘に言った。『あなたに代わって、その子に乳を飲ませるため、私が行って、ヘブル女のうばを呼んでまいりましょうか』。パロの娘が『そうしておくれ』と言ったので、おとめは行って、その子の母を呼んで来た。パロの娘は彼女に言った。『この子を連れて行き、私に代わって乳を飲ませてください。私があなたの賃金を払いましょう』。それで、その女はその子を引き取って、乳を飲ませた」（2・7―9）。

直訳すると、「私が行って、ヘブルの女からあなたのためにうばを呼んでまいりましょうか。そうすれば、彼女があなたのために子どもに乳を飲ませるでしょう」となり、ミリヤムは「あなたのために」という言葉を二度使って、たくみに王女の心に訴えかけたことがわかります。王女がモーセをあわれんで情をかけたのを知り、すぐさまやって来て話しかける行動力もありました。

ミリヤムの責任感の強さと勇気によって、また彼女の賢さによって、モーセは救われ、母親は大きくなるまでモーセを育てることができました。そして、ヘブル人であるにもかかわらず、モーセはその後パロの娘に引きとられ、王女の息子となりました。私たちが弱い立場であったとしても、神様が導いてくださる時、また神様に信頼する時、さまざまな状況をも用いて私たちに良くしてくださる主であることを覚えます。敵対する者たちの中にも、神様を恐れた助産婦たち（1・15―21）やパロの娘を置いてくださったのです。ミリヤムが勇気をもって踏み出す一歩が、王女にかけた一言が、後のイスラエルの民を変えることとなりました。

ミリヤムの賛美

その後、ミリヤムは出エジプト記15章では女預言者として登場します。女性として民の指導的立場であり、賛美をリードしていました。モーセがエジプトから民を導き出した後、モーセの兄アロンも祭司となり、指導者的立場にいました。民たちがエジプトから脱出し、追いかけてきた軍隊が海に呑み込まれたとき、彼らは神様を賛美したのです。ミリヤムはでき上がったばかりの賛歌を、タンバリンとともに節をつけて踊りながら歌いました。女たちもみなタンバリンを持って、踊りながら彼女について出てきました。

女たちは戦勝を祝って、歌ったり踊ったりしました（Ⅰサムエル18・6）。女たちも「彼女について出て来た」とありますから、ミリヤムは賛美チームのリーダーとしての立場もあったのでしょう。

喜びを歌と踊りで表すのは、昔から人間に与えられた賜物です。その中でも特別に音楽や踊りの賜物を与えられている人もいます。教会で賛美の奉仕にあたっている女性も多いことでしょう。

私も学生の頃、賛美の奉仕をしていました。教会学校の教師をしていた学生時代、子どもたちの賛美のリードをしていましたし、キリスト者学生会（ＫＧＫ）では賛美チームでコーラスや賛美リードをしていました。ハンドベルクワイアに入って、礼拝やコンサートでハンドベルを演奏しました。今でもハンドベルの奉仕は続けています。私自身、賛美は大好きですし、心を神様に向ける恵まれた時でもあります。しかし、同時に賛美の奉仕は誘惑に陥りやすい奉仕であることも覚えます。キリスト者学生会で賛美チームのコーラスをしていた大学三年生の時、賛美リードをしていた先輩が言った忘れられない言葉があります。「今日は特に、賛美集会でリードをしていた時に誘惑があった」という言葉です。賛美の奉仕は皆の前に立つことも多く、注目を浴びます。人前で歌ったり踊ったりしていると、気持ち良くなって、賛美ではなく、ただ歌っている、演奏している、ということにもなり得るのです。私はその先輩の言葉を聞いて、賛美の奉仕の時は、とりわけ祈ってもらって、自らも祈り備えて奉仕するのが大事だということを学びました。奉仕者は正直に自分の弱さを認め、祈っていただくことが必要なのです。

また、賛美にかかわらず指導者になる、ということにも同じような誘惑が伴うため、いつもへりくだって心低くして、みことばを読み、祈りつつ奉仕にあたることも大事なのではないでしょうか。ミリヤムがどんな指導者であったかはわかりませんが、この後、彼女は神様から怒りをかう出来事を引き起こしてしまいます。

重い皮膚病にかかるミリヤム

「そのとき、ミリヤムはアロンといっしょに、モーセがめとっていたクシュ人の女のことで彼を非難した。モーセがクシュ人の女をめとっていたからである。彼らは言った。『主はただモーセとだけ話されたのでしょうか。私たちとも話されたのではないでしょうか』。主はこれを聞かれた。さて、モーセという人は、地上のだれにもまさって非常に謙遜であった」（民数12・1―3）。

弟モーセのクシュ人の妻のことで、ミリヤムとアロンはモーセを非難しました。ヘブル語では動詞が単数女性形なので、最初に非難したのはミリヤムではないか、それにひきずられるようにアロンも合わせたのではないか、という解説もありました。のちにミリヤムだけ重い皮膚病にかかったことからも、そのことが理解できます。ミリヤムとアロンは、モーセの結婚のことを口実に、弟でありながらも、彼の独特の指導的地位や指導権に対して文句を言ったのです。それはひいてはモーセを選んだ神様への非難と同じことです。

「主の怒りが彼らに向かって燃え上がり、主は去って行かれた。雲が天幕の上から離れ去ると、見よ、ミリヤムはツァラアトになり、雪のようになっていた。アロンがミリヤムのほうを振り向くと、見よ、彼女はツァラアトに冒されていた」（民数12・9―10）。

アロンもモーセも彼女のためにとりなし祈りますが、主の怒りは激しく、ミリヤムは七日間宿営の外に締め出され、恥をかかされなければならなかったのです。その後のミリヤムについてはわかりませんが、彼女は宿営の外で神様に祈り、赦しを乞い願わないといけなかったことでしょう。

指導者としての模範

ミリヤムたちの行動は、嫉妬や不満にかられた結果でした。一方のモーセの「非常に謙遜であった」（民数12・3）という言葉は、「柔和」という意味も含むものです。指導的立場にある者こそ、謙遜、柔和が必要であること、自らを低くして、皆に仕える者であることを思わされます。そして、その一番の模範はイエス・キリストに見られるものです。

人と比べる時、私たちはミリヤムのような感情に陥ることがなんと多いことでしょう。神様に仕える奉仕のさなかにも、人を見てしまったら、人の注目を気にしてしまったら、比較の中で嫉妬や優越感、自己憐憫《れんびん》などにがんじがらめになってしまうこともあります。特に同性として立てられた女性の指導者に対して、面白くないという気持ちを持つこともあるのではないでしょうか。嫉妬ゆえに、女性の指導者を叩いたり、こきおろすような醜い心はないでしょうか。

また同時に、神様に用いられている時も、私たちは罪に陥りやすいことも覚えておくべきでしょう。しかし、イエス様に心をとめ、そのリーダーシップに思いをひそめる時、イエス様だけを見つめる時、私たちはその謙遜と柔和な姿勢に学ぶことができるのではないでしょうか。イエス様の、仕える姿に学びたいと思います。

Chapter 5

ルツ

信仰

そこでボアズは、長老たちとすべての民に言った。「あなたがたは、きょう、私がナオミの手から、エリメレクのすべてのもの、それからキルヨンとマフロンのすべてのものを買い取ったことの証人です。さらに、死んだ者の名をその相続地に起こすために、私はマフロンの妻であったモアブの女ルツを買って、私の妻としました。死んだ者の名を、その身内の者たちの間から、また、その町の門から絶えさせないためです。きょう、あなたがたはその証人です」。すると、門にいた人々と長老たちはみな、言った。「私たちは証人です。どうか、主が、あなたの家に入る女を、イスラエルの家を建てたラケルとレアのふたりのようにされますように。あなたは、エフラテで力ある働きをし、ベツレヘムで名をあげなさい。また、主がこの若い女を通してあなたに授ける子孫によって、あなたの家が、タマルがユダに産んだペレツの家のようになりますように」。

　こうしてボアズはルツをめとり、彼女は彼の妻となった。彼が彼女のところに入ったとき、主は彼女をみごもらせたので、彼女はひとりの男の子を産んだ。女たちはナオミに言った。「イスラエルで、その名が伝えられるよう、きょう、買い戻す者をあなたに与えて、あなたの跡を絶やさなかった主が、ほめたたえられますように。その子は。あなたを元気づけ、あなたの老後をみとるでしょう。あなたを愛し、七人の息子にもまさるあなたの嫁が、その子を産んだのですから」。ナオミはその子をとり、胸に抱いて、養い育てた。近所の女たちは、「ナオミに男の子が生まれた」と言って、その子に名をつけた。彼女たちは、その名をオベデと呼んだ。オベデはダビデの父エッサイの父である。

（ルツ記4章9―17節）

落ち穂拾い

ルツ記は女性の名前が冠されている書です。ルツの名はイエス・キリストの系図にも記されています。ルツというと、まず思い浮かぶのは落ち穂拾いの情景ではないでしょうか。

ジャン＝フランソワ・ミレーの「落ち穂拾い」の絵は、ルツ記に基づいた作品と言われています。私はミレーの作品を見ると、腰を曲げて落ち穂を拾う女性の姿にルツを重ねてしまうのです。ルツとはどのような女性だったのでしょうか。

異邦人ルツ

「さばきつかさが治めていたころ」（ルツ１・１）のことです。ききんがあったため、エリメレクの家族はユダのベツレヘムからモアブへと移ってきました。「彼らがモアブの野へ行き、そこにとどまっているとき、ナオミの夫エリメレクは死に、彼女とふたりの息子があとに残された。ふたりの息子はモアブの女を妻に迎えた。ひとりの名はオルパで、もうひとりの名はルツであった。こうして、彼らは約十年の間、そこに住んでいた」（1・2―4）。

モアブの地ではモアブの神々が拝まれていました。そこで、モアブの神々を拝もうとする偶像礼拝についての注意（士師10・6）がイスラエルの民になされていました。ルツも、もともとは異邦の神を拝んでいたのかもしれませんが、マフロンの妻となった十年の間に、改宗したのでしょう。マフロンとキルヨンというナオミの二人の息子も亡くなったあと、ナオミから自分の母のもとに帰るように言われた時、このように答えています。

「あなたを捨て、あなたから別れて帰るように、私にしむけないでください。あなたの行かれる所へ私も行き、あなたの住まれる所に私も住みます。あなたの民は私の民、あなたの神は私の神です。あなたの死なれる所で私は死に、そこに葬られたいのです。もし死によっても私があなたから離れるようなことがあったら、主が幾重にも罰してくださるように」（1・16―17）。

ルツがこのように答えたのはなぜでしょうか。ナオミやエリメレク、マフロンなどの家族によくしてもらったこともあったかもしれませんが、彼らの神に信頼する姿にルツも感化され、彼女自身も揺るぎない信仰を持ったのではないでしょうか。異邦人の女性をも、その信仰ゆえにキリストの系図に加えてくださる神様の恵みの深さを思います。

砕かれる時に

姑のナオミもまた、このように語っています。「私をナオミと呼ばないで、マラと呼んでください。全能者が私をひどい苦しみに会わせたのですから。私は満ち足りて出て行きましたが、主は私を素手で帰されました。なぜ私をナオミと呼ぶのですか。主は私を卑しくし、全能者が私をつらいめに会わせられましたのに」（1・20―21）と、自らが全能者の主権のもとにあることを告白しています。

「卑しくして」とは、「砕く」「謙遜にする」という意味です。神を信じる者にとって苦しみ悲しみの時は、砕かれ、謙遜にさせられる時なのです。つらく、悲しいことに思われますが、その時こそ自らが低くされ、神様の恵みを受ける時です。物事がうまく行っている時、私たちは真剣に神様を求めないかもしれません。しかし、試練の時はより主に依り頼む者とさせられます。そして、そのへりくだった姿勢に神様は働いてくださるのです。

ボアズとの出会い

その後、ナオミの夫の親戚で、有力者ボアズとの出会いを神様はルツに用意しておられました。「ルツは出かけて行って、刈る人たちのあとについて、畑で落ち穂を拾い集めたが、それは、はからずもエリメレクの一族に属するボアズの畑のうちであった」(2・3)。「ちょうどその時」(2・4)、ボアズもベツレヘムからやって来て、ルツの存在を知り、彼女に親切に働きかけます。ルツはボアズの畑で落ち穂を拾うことになりましたが、それは「はからずも」であり、意図したことではありませんでした。しかし、主にあってはそれが「ちょうどその時」となるのです。神様の時、祝福の時にルツはボアズと出会うことになりました。ボアズは落ち穂のほかにもルツに炒り麦、パン、酢を与えたのでした。

その後、ボアズとのことをナオミに話すと、それは「買い戻しの権利のある私たちの親戚のひとりです」(2・20)と、ナオミも驚きます。そして、今夜ボアズのもとに行きなさい、とルツに命じ、ルツもその通りにします。ボアズはルツを受け入れ、彼女をめとりました。後に与えられた男の子は、ダビデの父エッサイの父オベデです。

ボアズがルツに好意を持っていたことは、出会いの時の言葉からもわかります。「あなたの夫がなくなってから、あなたがしゅうとめにしたこと、それにあなたの父母や生まれた国を離れて、これまで知らなかった民のところに来たことについて、私はすっかり話を聞いています。主があなたのしたことに報いてくださるように」（2・11—12）。ルツのしていたことを認め、評価してくれる人がいたのです。いいえ、ボアズだけではありません。神様がルツに目を注いでいてくださいました。

姑に仕えること、また結婚していなかったとしても実の親に仕えること、それは人間関係で最も難しいことではないでしょうか。姑によくすること、親や国を捨てること、知らない民のもとに来ること、そのどれもが簡単なことではありません。身を切られるような苦悩も時にはあったのではないでしょうか。身を低くしなければ、謙遜にならなければできないことです。ルツは祈り続けながら、実行する力をいただけるようにと必死に神様にすがりついていたのかもしれません。

ルツの実行力

ルツの持ち味の一つは、その実行力です。「私におっしゃることはみないたします」

ニコラ・プッサン「夏」(1660-64年)
バロック時代のフランスの画家。ルツは元異邦人。ボアズの畑で落ち穂を拾った。姑の勧めで夜、ボアズの足元で眠り、その後に妻となる。実に積極的!

(3・5)と姑に素直に聞き従い、また「すべてのことをした」(3・6)のです。聞いただけではありません。彼女は「ボアズの足のところをまくって、そこに寝た」(3・7)とある通り実行しました。かなりの勇気がいることだったでしょう。

私は、結婚前の女性から相談を受けることがよくあります。「祈りのうちに思いが与えられたのですが、女性からアプローチしてもいいのでしょうか?」と。今後はルツ記を読んでみるように勧めてみようかと思いました。ルツは積極的にボアズにアプローチしました。もちろん、ルツの場合はナオミという年配者のアドバイスあってのことですが、周りの方々によくお祈りしてもらいながら行動に移すということも大事です。女性からのアプローチで結婚に導かれたカップルも、私たち夫婦は何組もお世話しました。また私たち夫婦の結婚のなれそめも、私の方からのアプローチでした。結婚のことを祈り始めた時に夫に出会いました。自分でも祈り続け、周りの方にも祈っていただき、連絡を取り続け、時には会いに行きました。

ボアズはルツに、「あなたがその翼の下に避け所を求めて来たイスラエルの神、主から、豊かな報いがあるように」（2・12）と語りました。私たちに思いが与えられた時も、それを実行に移す時も、まず主を求める、主の翼の下に身を避けることができるとは、なんと幸いでしょう。

このボアズの買い戻しの権利とは、イエス・キリストの十字架の贖《あがな》いを表していると も言われます。罪から買い戻してくださる方に、心からの感謝をささげていきましょう。また、あなたが今するべきことは何でしょうか。実行に移すように神様に言われていることは何でしょうか。

Chapter 6 ハンナ

祈り

シロでの食事が終わって、ハンナは立ち上がった。そのとき、祭司エリは、主の宮の柱のそばの席にすわっていた。ハンナの心は痛んでいた。彼女は主に祈って、激しく泣いた。そして誓願を立てて言った。「万軍の主よ。もし、あなたが、はしための悩みを顧みて、私を心に留め、このはしためを忘れず、このはしために男の子を授けてくださいますなら、私はその子の一生を主におささげします。そして、その子の頭に、かみそりを当てません」。

ハンナが主の前で長く祈っている間、エリはその口もとを見守っていた。ハンナは心のうちで祈っていたので、くちびるが動くだけで、その声は聞こえなかった。それでエリは彼女が酔っているのではないかと思った。エリは彼女に言った。「いつまで酔っているのか。酔いをさましなさい」。ハンナは答えて言った。「いいえ、祭司さま。私は心に悩みのある女でございます。ぶどう酒も、お酒も飲んではおりません。私は主の前に、私の心を注ぎ出していたのです。このはしためを、よこしまな女と思わないでください。私はつのる憂《うれ》いといらだちのため、今まで祈っていたのです」。エリは答えて言った。「安心して行きなさい。イスラエルの神が、あなたの願ったその願いをかなえてくださるように」。彼女は、「はしためが、あなたのご好意にあずかることができますように」と言った。それからこの女は帰って食事をした。彼女の顔は、もはや以前のようではなかった。

翌朝早く、彼らは主の前で礼拝をし、ラマにある自分たちの家へ帰って行った。エルカナは自分の妻ハンナを知った。主は彼女を心に留められた。日が改まって、ハンナはみごもり、男の子を産んだ。そして、「私がこの子を主に願ったから」と言って、その名をサムエルと呼んだ。

（サムエル記第一 1章9―20節）

祈りの人ハンナ

ハンナというと、預言者サムエルの母、不妊の女、そして祈りの人であった、ということがあげられるでしょう。その中でも、特に「祈りの人ハンナ」という面について見ていきたいと思います。彼女はエルカナの妻でしたが、エルカナにはもう一人の妻ペニンナがいました。そして、ペニンナには子どもがいましたが、ハンナにはいませんでした。エルカナに愛されていたハンナを憎んでいたペニンナは、彼女をいつもいらだたせたので、彼女は泣いて食事をしようともしないほどでした。

女性にとって不妊であるということ、また夫をめぐり他の女性との関係に悩むということ、これほどつらいことはありません。心の悩みによって食べられず、ふさいでしまう、心が痛んでしょうがない、そのようなことは私たちにも大なり小なりあるのではないでしょうか。その時に、ハンナは祈ったのです。それはどのような祈りだったのでしょうか。

主の宮で祈る

ハンナは主の宮で祈りました。シロは「万軍の主を礼拝し、いけにえをささげていた」（Ⅰサムエル１・３）場所です。「毎年、このようにして、彼女が主の宮に上って行くたび」（１・７）とあるように、定期的に礼拝をささげ、祈りをささげていたことがわかります。彼女には、神様のみもとに行って祈るという祈りの生活があったのです。そのたびにいらだちが与えられ、泣くような心の痛みがあったにせよ、彼女は主の宮に行くことをやめませんでした。その心のまま主の宮に上り、祈りの生活を送っていました。

最近洗礼を受けられた方が言われていたことですが、教会に通うようになってから、その方は毎日仕事帰りに教会に寄り、会堂で祈ったそうです。会堂が開いていない時は、教会の前に立ち、短くお祈りしたということです。私はその信仰の姿に感動を覚えました。なんと美しい祈りの姿でしょう。

また、主の宮で祈る、これは文字通り教会に行って祈る、ということでもありますが、私たちの心の祭壇を造るということでもあります。朝に夕に主に心を向けて祈る。そのことによって私たちの信仰生活は豊かなものとされ、主が働いてくださる時となるのです。

低い心で祈る

「神へのいけにえは、砕かれた霊。砕かれた、悔いた心。神よ。あなたは、それをさげすまれません」(詩篇51・17)。神様が喜ばれるのは、砕かれた低い心です。

ハンナは自らを「はしため」と呼んでいます。はしためとは、女奴隷のことです。神様である主人が「こうしなさい」と言うならば、「はい」と言ってどこまでも従う心が求められます。「はしための悩みを顧みて、私を心に留め、このはしためを忘れずにいてください、と低い心で願っていることがわかります。そして彼女は「このはしために男の子を授けてくださいますなら、私はその子の一生を主におささげします」(Ⅰサムエル1・11)と請願を立てました。

どこまでも自分の願いや思いよりも、主のお役に立つようにという熱い思いでいたのでしょう。それは「主の前で」なされる長い祈りでもありました(1・12)。水が高いところから低いところに流れるように、神様の恵みも低くされた心に流れていくのです。

神の霊に満たされて祈る

祭司エリにはハンナが酔っているかのように見え、「いつまで酔っているのか。酔いをさましなさい」（1・14）と言いますが、ハンナは「ぶどう酒も、お酒も飲んではいません」（1・15）と答えます。ペンテコステの日に、聖霊に満たされた弟子たちが、「御霊が話させてくださるとおりに、他国のことばで話しだした」（使徒2・4）という出来事を彷彿《ほうふつ》とさせます。

「これは預言者ヨエルによって語られた事です。『神は言われる。終わりの日に、わたしの霊をすべての人に注ぐ。すると、あなたがたの息子や娘は預言し、青年は幻を見、老人は夢を見る。その日、わたしのしもべにも、はしためにも、わたしの霊を注ぐ』」（使徒2・16―18）。

ハンナは神様の霊に満たされて祈っていました。それははたから見ると酔っているかのように見えたのです。酒にとらえられるのではなく、聖霊に満たされて聖霊にとらえられているかのような祈りです。悲しみの時、苦しみの時、私たちがどのように祈ったらいいかわからない時も、聖霊は私たちの祈りを導き出し、祈りを助けてくださるのです。そのためには、私たちのすべてを神様にお委ねすることが大事なのではないでしょうか。

心を注ぎ出して祈る

また、ハンナの祈りは、「心を注ぎ出した祈り」でもありました。祭司エリの「酔っているのか」との問いに、ハンナは「いいえ、祭司さま。……私は主の前に、私の心を注ぎ出していたのです」（Iサムエル1・15）と答えました。「祈って、激しく泣いた」（1・10）とあるように、嘆きながら心の痛みをあるがまま注ぎ出したのでしょうし、「つのる憂いといらだち」（1・16）をそのまま神様にぶつけてもいたのでしょう。心の「悩み」（1・15）を祈りにして聞いていただいていたのでしょう。

「民よ。どんなときにも、神に信頼せよ。あなたがたの心を神の御前に注ぎ出せ。神は、われらの避け所である」（詩篇62・8）。神様に信頼し、避け所である方に心を注ぎ出すことができるとは、なんと幸いなことでしょう。もう自分で抱えなくてもいいのです。

すべてをお任せし、委ねる祈りの姿です。

祈れる幸い

ある時、毎年受けている乳がん検診でしこりが見つかり、再検査になったことがありました。胸に麻酔し、メスで患部を切り、針を二刺しして細胞を取るという針生検をすることになりました。ちょうど夫も海外出張中で、私は言い知れぬ不安を抱えながら一人診察室に赴きましたが、その検査の日まで毎日朝に夕にみことばを読み、主の祈りを祈り続けました。そして検査の間もずっと、ハンナのように心の内で主に祈っていました。言葉にならないような祈りです。結果、良性のしこりだったのですが、あとから振り返って、あの恐ろしく不安に思えた検査の間が祈りの時間であったことに気づかされました。実に素晴らしい主との交わりの時間だったのです。どんな恐れの中でも主に心を向けられる幸いを思いました。

願いがかなえられる

後にハンナはみごもり、男の子を産みました。その子はサムエルと名づけられ、誓

レンブラント・ファン・レイン「ハンナとサムエル」（1648年）
息子サムエルに聖書を読み聞かせている場面。ハンナは心を注ぎ出して祈った情熱の人。

願の通り、主にささげられ、預言者となりました。サムエルとは「私がこの子を願った」という意味で、ハンナとは「いつくしみ」という意味です。サムエルが乳離れすると、シロの主の宮に一緒にのぼり、エリのところに連れて行きました。「ハンナは言った。『おお、祭司さま。……私はかつて、ここのあなたのそばに立って、主に祈った女でございます。この子のために、私は祈ったのです。主は私がお願いしたとおり、私の願いをかなえてくださいました。それで私もまた、この子を主にお渡しいたします。この子は一生涯、主に渡されたものです』。こうして彼らはそこで主を礼拝した」（1・26―28）。そしてハンナはサムエル記第一2章において、賛美と感謝の歌を歌います。この歌は後にイエス様の母「マリヤの賛歌」のもととなったものです。

もしかしたら、やっと生まれた男の子を乳離れと同時に手放すことにも、かなりの心の痛みが伴ったかもしれません。しかし、主がハンナにしてくださったことを思う時、それに余りある主の祝福と賛美と感謝の念が湧いてきたのではないでしょうか。自分のことを心に留めてくださり、願いをかなえてくださる。祈りに主が応えてくださるという経験は、何にも代えがたいものなのです。私たちもこのハンナの祈りの姿に続いていきたいと思います。

Chapter 7 バテ・シェバ

回復

年が改まり、王たちが出陣するころ、ダビデは、ヨアブと自分の家来たちとイスラエルの全軍とを戦いに出した。彼らはアモン人を滅ぼし、ラバを包囲した。しかしダビデはエルサレムにとどまっていた。

ある夕暮れ時、ダビデは床から起き上がり、王宮の屋上を歩いていると、ひとりの女が、からだを洗っているのが屋上から見えた。その女は非常に美しかった。ダビデは人をやって、その女について調べたところ、「あれはヘテ人ウリヤの妻で、エリアムの娘バテ・シェバではありませんか」との報告を受けた。ダビデは使いの者をやって、その女を召し入れた。女が彼のところに来たので、彼はその女と寝た。——その女は月のものの汚れをきよめていた。——それから女は自分の家へ帰った。女はみごもったので、ダビデに人をやって、告げて言った。「私はみごもりました」。（サムエル記第二11章1―5節）

誘惑に陥る時

バテ・シェバは、知恵者として有名なソロモン王の母親です。「誓いの娘」とか「約束の娘」という意味の名前で、非常に美しい女性でした。そのバテ・シェバをダビデ王が見初め、人妻であるにもかかわらず召し入れ、関係を持ってしまいます。その後ダビデとバテ・シェバとの間に生まれた子ソロモンは、イエス・キリストの系図に入れられています。彼女とダビデ王との出会いはどのようなものだったのでしょうか。

全イスラエルを戦いに出し、アモン人を滅ぼしたダビデ王は、エルサレムにとどまっていました。昼寝の床から起き上がったダビデは王宮の屋上から、一人の女性の水浴を見てしまいます。「その女は非常に美しかった」（Ⅱサムエル11・2）。

ダビデは人をやって、その女について調べさせると、「ヘテ人ウリヤの妻で、エリアムの娘バテ・シェバ」であることがわかります。彼は人妻であることを知っても、どうしても彼女が欲しくなったのです。「ダビデは使いの者をやって、その女を召し入れた。

女が彼のところに来たので、彼はその女と寝た」（11・4）。

人が罪を犯しやすいのは、大きな仕事が終わって、ほっと一息ついた時です。「大きな奉仕が終わったあとは特に誘惑に気をつけたほうがいい」というアドバイスを先輩の伝道者から言われていたと、夫が分かち合ってくれたことがありました。仕事や奉仕をしている間は緊張感がありますが、それが終わって休もうとする時に、心の隙間が生まれ、さまざまな誘惑に弱くなるのです。ダビデの場合もまさにそのような状況でした。ダビデ王から声がかかった

コルネリス・ファン・ハールレム「バテ・シェバ」（1594年）
オランダ、ハールレム出身の画家。バテ・シェバの水浴場面。

時、バテ・シェバがどう思ったのかはわかりません。聖書には二人の心の動きが記されてはおらず、淡々と出来事だけが記されています。その後、バテ・シェバはみごもり、ダビデに人をやって報告しました。

罪を隠す

姦通の罪を犯すと、二人とも死刑となることが決まっていました（レビ20・10、申命22・22）。ダビデはお腹の子どもをウリヤとの間の子と見せかけるために、夫のウリヤに命じて家に帰るように画策しました。そしてウリヤに贈り物まで送ったのです。しかし、ウリヤは非常に真面目で、「私だけが家に帰り、飲み食いして、妻と寝ることができましょうか」（11・11）と帰宅せずにいました。それがわかると、今度はウリヤを前線に送り出し、戦死させるという非情な手段をとりました。

「嘘《うそ》の上塗り」という言葉があります。一つの罪を隠すために嘘をつくという別の罪を犯し、罪がどんどん大きくなっていく。そして罪を犯し続けるうちに次第に罪意識が薄れ、罪に鈍感になっていく。姦通の罪を隠すために、殺人の罪まで犯してしまったダビデでした。

Chapter 7
バテ・シェバ

人はいったん罪を犯すと、それに慣れてしまうものです。まるでぬるま湯の中にいるように心地良さを覚えてしまうことがあります。そして気づいたら罪の状態から抜け出せなくなってしまう。それが罪の恐ろしさでもあります。

罪というものはしかし、いつまでも隠し通せるものではありません。いつか明るみのもとに出されることとなります。何よりダビデが行ったことに主はお怒りになりました。

「ウリヤの妻は、夫ウリヤが死んだことを聞いて、夫のためにいたみ悲しんだ。喪が明けると、ダビデは人をやり、彼女を自分の家に迎え入れた。彼女は彼の妻となり、男の子を産んだ。しかし、ダビデの行ったことは主のみこころをそこなった」（11・26―27）。

子どもが亡くなる

その後、主は預言者ナタンを遣わし、ダビデの罪を顕《あらわ》にされます。「イスラエルの神、主はこう仰せられる。『わたしはあなたに油をそそいで、イスラエルの王とし、サウルの手からあなたを救い出した。さらに、あなたの主人の家を与え、あなたの主人の妻たちをあなたのふところに渡し、イスラエルとユダの家も与えた。それでも少ないといううのなら、わたしはあなたにもっと多くのものを増し加えたであろう。それなのに、どうしてあなたは主のことばをさげすみ、わたしの目の前に悪を行ったのか。あなたはヘテ人ウリヤを剣で打ち、その妻を自分の妻にした。あなたが彼をアモン人の剣で切り殺したのだ。今や剣《つるぎ》は、いつまでもあなたの家から離れない。あなたがわたしをさげすみ、ヘテ人ウリヤの妻を取り、自分の妻にしたからである』」(12・7―10)。

そして、「あなたに生まれる子は必ず死ぬ」(12・14)とのナタンの言葉通り、生まれた子は病気になり、死にました。ダビデは断食して癒やされるように主に願い求めましたが、駄目でした。その後、ナタンは「主もまた、あなたの罪を見過ごしてくださった。あなたは死なない」(12・13)とダビデに罪の赦しを宣言します。「見過ごしてくださった」は、過ぎ去らせたという意味です。ダビデの罪は赦されましたが、罪の刈り取りはしなくてはなりません。しかし後に、主はダビデとバテ・シェバをあわれまれたのです。

私は結婚セミナー・恋愛セミナーなどで性的な被害を受けた女性の話を聞き、共にお祈りすることもあります。性的な暴力というものは心にも体にも魂にも多くの痛みを残し、その女性の尊厳を奪うものだということをまざまざと知らされてきました。また、最近では身体的な性暴力だけではなく、言葉や態度による精神的暴力に女性が苦しむ事例も増えてきたように思います。

Chapter 7
バテ・シェバ

しかし、そのような暴力に苦しんだ女性たちも、時間はかかったとしても、主の愛の中で立ち直ることができる、やり直すことができるということも同じく見てきました。性暴力を受けてから夜中に一人でいるのが耐えられなくなり、わが家にやってきたある女性も、時間はかかりましたが癒され、今では幸せな結婚生活を送ることができていま す。

私自身も学生の頃、交際していた人との関係において男性不信になったことがありました。もう自分は結婚できない、結婚したくない、男性は信じられないと思っていました。しかし、私のことを祈ってくださる祈りの中で、また自分自身でも聖書を読み、祈る中で少しずつ少しずつ癒され、夫との出会いが与えられました。そして、結婚生活の中で自分自身がまるごと受け入れられるという経験をしました。愛と自由を知り、回復が与えられました。夫と子を失ったバテ・シェバにもまた、神様は回復を与えてくださったのです。

ソロモンの誕生

「ダビデは妻バテ・シェバを慰め、彼女のところに入り、彼女と寝た。彼女が男の子を産んだとき、彼はその名をソロモンと名づけた。主はその子を愛されたので、預言者ナタンを遣わして、主のために、その名をエディデヤと名づけさせた」（12・24―25）。

古代オリエントでは、子を失った母親への最大の慰めは、代わりの新しい子を産ませてくださることであると言われていました。「ソロモン」という名は、死んだ第一子の「償い」という意味と「平和」という意味を兼ねています。ダビデとバテ・シェバとが神との平和を回復したことを意味します。また、ダビデの時代の戦国時代ではなく、平和な時代ということも象徴している名前です。

そして、その子の名「エディデヤ」とは、「主に愛される者」という意味になります。このソロモンは後に王となり、祝福されました。また、イエス・キリストの系図に加えられます。「エッサイにダビデ王が生まれた。ダビデに、ウリヤの妻によってソロモンが生まれ」た（マタイ1・6）。

聖書は、「ウリヤの妻によって」と、主はバテ・シェバがウリヤの妻であることを明言します。単に「ダビデの妻」とは記されていないのです。罪を赦された主、また次に与えられた子ソロモン、という回復をこの系図は思い起こさせます。罪を犯した者をも救い主の系図に加えてくださる神様の度量の大きさを思います。ダビデの罪は決して他人事ではないでしょう。私たちには心の隙間がいつでも生まれます。神様が与えてくださるものに満足しないで人のものを欲しがるという貪欲《どんよく》、それは私の姿です。いつも主の前に罪を告白し、あわれみ深い主によって罪を赦していただきましょう。

私たちの人生には痛みがあります。苦しみ、悲しみがあります。しかし、バテ・シェバに回復を与えてくださった主は、私たちがいかなる苦しみ、悲しみの中を通ったとしても、平和と回復を与えてくださる方なのです。

Chapter 8 ヨブの妻

夫婦

主はサタンに仰せられた。「おまえはわたしのしもべヨブに心を留めたか。彼のように潔白で正しく、神を恐れ、悪から遠ざかっている者はひとりも地上にはいない。彼はなお、自分の誠実を堅く保っている。おまえは、わたしをそそのかして、何の理由もないのに彼を滅ぼそうとしたが」。サタンは主に答えて言った。「皮の代わりには皮をもってします。人は自分のいのちの代わりには、すべての持ち物を与えるものです。しかし、今あなたの手を伸べ、彼の骨と肉とを打ってくださ い。彼はきっと、あなたをのろうに違いありません」。主はサタンに仰せられた。「では、彼をおまえの手に任せる。ただ彼のいのちには触れるな」。

サタンは主の前から出て行き、ヨブの足の裏から頭の頂まで、悪性の腫物で彼を打った。ヨブは土器のかけらを取って自分の身をかき、また灰の中にすわった。すると彼の妻が彼に言った。「それでもなお、あなたは自分の誠実を堅く保つのですか。神をのろって死になさい」。しかし、彼は彼女に言った。「あなたは愚かな女が言うようなことを言っている。私たちは幸いを神から受けるのだから、わざわいをも受けなければならないではないか」。ヨブはこのようになっても、罪を犯すようなことを口にしなかった。
（ヨブ記2章3―10節）

「神を呪え」という妻

先日、ベルギーの画家の作品を集めた展覧会に行く機会がありました。その中にバロック期を代表する画家ルーベンスが原画を描いた版画が展示されていました。まさかルーベンスの作品に、ヨブの妻を描いたものがあるとは知らなかったので、興味深く鑑賞しました。

ヨブの横で妻が実に悪そうな顔で彼を見つめ、攻め立てているような構図の絵でした。

ペーテル・パウル・ルーベンス［原画］、
リュカス・フォルステルマン（父）［彫版・刷］
「悪魔たちから貶められ、妻から苛まれるヨブ」1622-1628年頃
「神を呪え」と言ったヨブの妻は、様々な試練に遭う夫のそばにいた。

世間一般ではヨブの妻は悪妻ということになるのでしょう。

ヨブの妻はたいへん裕福な女性でした。夫ヨブは「潔白で正しく、神を恐れ、悪から遠ざかっていた」人でした（ヨブ1・1）。七人の息子と三人の娘があり、「羊七千頭、らくだ三千頭、牛五百くびき、雌ろば五百頭、それに非常に多くのしもべを持っていた。それでこの人は東の人々の中で一番の富豪であった」（1・3）。夫も申し分のないほどの人物で、何不自由のない暮らしを送っていた女性だったでしょう。それが、サタンの試みによってすべてを失ってしまいます。最初にしもべたちを失い、家畜を失い、子どもたちもすべて失うことになるのです。

しかし、その報告を聞いた時も、ヨブは神様を礼拝しました。「『私は裸で母の胎から出て来た。また、裸で私はかしこに帰ろう。主は与え、主は取られる。主の御名はほむべきかな』。ヨブはこのようになっても罪を犯さず、神に愚痴をこぼさなかった」（1・21―22）。

それを見たサタンは、さらに今度はヨブの健康を奪います。ヨブの全身を悪性の腫物で覆いました。自分の身をかき、苦しみ、だれも彼に話しかけられないほどのひどい痛みに襲われたのです。その時、彼の妻はどうしたのでしょう。「それでもなお、あなたは自分の誠実を堅く保つのですか。神をのろって死になさい」（2・9）という言葉を吐きました。それでもなお、ヨブは罪を犯しませんでした。

妻の不理解

しもべや家畜や子どもたちに加えて、ヨブが健康を失ったことはたいへんショックなことだったでしょう。とてつもなく大きな試練だったでしょう。しかし、一番の理解者たるべき妻からかけられた言葉ほどショックだったものは、なかったのではないでしょうか。妻からの不理解、それこそが最大の試練だったのかもしれません。このあとヨブのもとを訪れ、三人の友人から言われるさまざまなこと、また、親族や知人や友人も遠のいていったこと、それ以上に妻からの一言はヨブにとって大打撃だったのではないでしょうか。

私はクリスチャンの女性のための集会や講演会でお話しすることがあります。その時にエバの末裔としての堕落した女性の特徴の一つは、「男性を誘惑すること」だとお話しします。エバがアダムに禁断の木の実を差し出し、自分だけではなく夫にも罪を犯させたように、女性には男性を誘惑するという罪の性質があるのです。女性の見た目や麗しい巧みな言葉によって、男性は誘惑され、罪を犯しやすくなります。また、「これを言ったら、男性は駄目になる」という蜂の一刺しのような言葉を本能的に女性は知っていて、とっておきの時にそれを取り出して、男性を精神的、霊的に駄目にしてしまうことができるのです。それは自覚していてもいなくても同様です。ヨブの妻が「神をのろって死になさい」と言った言葉は、ヨブを神様から遠ざけるために、誘惑するに十分な言葉でした。

ある注解書では、「サタンは次に、ヨブの妻のことばによって、弱り果てたヨブにとどめを刺そうとする。……神を呪ってもすぐに死ぬとはかぎらない。むしろ、人間が宗教的に生きて苦しむよりも、自然のままに生きたほうが、短い生涯を楽に過すことができる、という……妻として夫を思う心から出たものであるだけに、ヨブにとっては恐るべき誘惑であったに違いない」と解説しています（安田吉三郎「ヨブ記」『新聖書注解 旧約3』いのちのことば社、一九七五年、四五頁）。

このヨブの妻の夫への言葉を思う時、私はルター夫妻の一つの逸話を思い出しました。まだ独身の頃、母教会の牧師が話してくれたエピソードです。

宗教改革者マルティン・ルターが、ローマ・カトリック教会に対して抗議した際、さまざまな圧力との戦いがありました。激しい非難や迫害を受けて、ルターが意気消沈していたところ、妻カタリーナが喪服を着て書斎に現れたそうです。ルターが驚いて「だれか亡くなったのか？」と問うと、妻は「神様が亡くなられました」と答えました。「神様が亡くなることなんかあるものか！」とのルターの言葉に、妻は「私たちの神様は生きておられる方なのに、なぜあなたはそんなに失望しているのですか。私たちは生ける神様にどこまでも頼っていきましょう」と励ましたというのです。ルターは再び立ち上がることができた、という話です。

妻の言葉は夫を生かしも殺しもするのです。いえ、妻という立場だけではありません。女性たちは、身近にいる男性……、会社や学校、家族、地域、教会の男性に対して、相手を生かす言葉をかけているでしょうか。それとも殺すような言葉をかけているでしょうか。

妻は近くにいた

ヨブはしかし、妻の言葉によっても罪を犯しませんでした。それでも、「私の息は私の妻にいやがられ、私の身内の者らにきらわれる」(19・17)。この一節にも、ヨブの悲しみ、苦しみがあふれているように思います。一番近しい身内、妻に自分の息を嫌がられた、という事実。おそらくヨブの病気ゆえのことだと推測されますが、息を感じるほどの近い距離に妻がいたこともわかります。

ヨブの妻の良かったところはどこでしょうか。それは夫のそばにいたということです。彼女はヨブが悲惨な状況になってしまっても、離婚しませんでした。試練の時にも共にい続けたのです。伴侶の良い状況の時だけそばにいる、悪い状況になれば離れる、そのような夫婦もたくさんいます。しかし、神様が定めた結婚では、二人は一心同体です。そして結婚式の誓約では、「健康な時も病の時も」「貧しき時も富める時も」一緒にいることを堅く誓うのです。その点では、ヨブ夫妻は結婚生活を全うしたといえるでしょう。逆境の時も夫のそばを離れなかったことは、ヨブの妻の美点と言えます。

ヨブのその後

その後、神様はヨブをそのままにはしておかれませんでした。「主はヨブの繁栄を元どおりにされた。主はヨブの所有物もすべて二倍に増された」(42・10)。「主はヨブの前の半生よりあとの半生をもっと祝福された。それで彼は羊一万四千頭、らくだ六千頭、牛一千くびき、雌ろば一千頭を持つことになった。また、息子七人、娘三人を持った」(42・12―13)。その後癒やされて、前よりも二倍の富を得たヨブには、また十人の子どもが与えられました。これは、夫婦生活の祝福をも意味するものでしょう。

ヨブの妻の幸い

ヨブの妻にとって一番の幸いはなんだったのでしょうか。それは夫が素晴らしい信仰を持っていたことではないでしょうか。夫が裕福であること、素晴らしい持ち物や家族を持っていること、それ以上に、どんなに自分が間違った声かけをしたとしてもゆるがず、たしなめてくれる夫であること。これ以上の財産はありません。「あなたは愚かな女が言うようなことを言っている。私たちは幸いを神から受けるのだから、わざわいをも受けなければならないではないか」と（ヨブ2・10）。これは、「愚かな女の一人が語るようだ」というニュアンスで、直接的に彼女を責めるような言葉ではなく、穏やかにたしなめている言葉です。

ヨブ夫妻は、夫が穏やかで妻が強気という夫婦であったかもしれません。結婚セミナー・夫婦セミナーでは、そのような夫婦に会うことも少なくありません。耳を傾けてみると、夫は妻から強く言われることで自分は愛を感じるタイプなのだということでした。どちらかというと、妻が熱心で信仰をリードしている印象を受けましたが、そういう夫婦の形もあるのだと納得した覚えがあります。それぞれの夫婦の独自性を尊重してくださる神様の多様性を感じた出来事でした。

このヨブの信仰を形作っていったのも、ヨブの妻その人自身ではなかったでしょうか。彼女がいつまでもヨブのそばにいて、彼の心も体も受け入れたことは、ヨブにとっても大きな励ましであったに違いありません。

新約聖書の女性たち

扉：ダンテ・ガブリエル・ロセッティ
「見よ、われは主のはしためなり（受胎告知）」（1850年）

19世紀イギリスの画家、詩人。ラファエル前派。処女の身で懐妊を告げられたマリヤ。百合は純血の印。驚きととまどいと恐れ。婚約者ヨセフは信じてくれるのか？

Chapter 9 エリサベツ

友情

そのころ、マリヤは立って、山地にあるユダの町に急いだ。そしてザカリヤの家に行って、エリサベツにあいさつした。エリサベツがマリヤのあいさつを聞いたとき、子が胎内でおどり、エリサベツは聖霊に満たされた。そして大声をあげて言った。「あなたは女の中の祝福された方。あなたの胎の実も祝福されています。私の主の母が私のところに来られるとは、何ということでしょう。ほんとうに、あなたのあいさつの声が私の耳に入ったとき、私の胎内で子どもが喜んでおどりました。主によって語られたことは必ず実現すると信じきった人は、何と幸いなことでしょう」。

（ルカの福音書1章39―45節）

マリヤの賛歌

毎年クリスマスになると、教会学校でも必ず語られるのが処女懐妊、マリヤの賛歌の箇所です。私も小学校から教会学校に通っていましたが、友達と演じた聖誕劇でも、持っていた絵本の中でも、はっと目を引くような場面であったことを覚えています。大きな翼を持った天使ガブリエルが、まだ小さな娘だったマリヤのところに訪れて神様の言葉を告げる場面は、幼な心にもおごそかさと清らかさに圧倒されるような思いがしました。

しかし、マリヤは神の子イエスの母になったような女性だから、きっと素晴らしい信仰を持った、優しくて美くて強い特別な女性だったのね、と一言では片づけられないような悩みや葛藤が、実はこの場面にはあふれているのだと思います。マリヤも私たちと同じように主の言葉の前に悩んだり恐れたりしたことでしょう。そして、そのマリヤが信仰をもって神様からのお告げを受け入れ、信じるために用いられたのが、エリサベツという女性でした。

不妊の女の懐妊

エリサベツは祭司ザカリヤの妻で、アロンの子孫であること、二人とも神様の御前に正しい人であったことは、ルカの福音書1章5節、6節を読むとわかります。また、「エリサベツは不妊の女だったので、彼らには子がなく、ふたりとももう年をとってい」ました（ルカ1・7）。女のすえメシヤの到来（創世3・15）を待望していたユダヤ人社会において、「不妊の女」であることは恥であり、非常につらいことだったと想像できます。そのような中でも彼女は老年にいたるまで主を信じ、正しく歩んでいた信仰の人でした。そのエリサベツが、神様の特別な恵みと愛を注がれ、男の子をみごもったのです。

エリサベツの懐妊は、夫ザカリヤが神殿で香をたいている時に告げられました。主の使いが彼の前に現れた時、ザカリヤは不安を覚え、恐怖に襲われました。

「こわがることはない。ザカリヤ。あなたの願いが聞かれたのです。あなたの妻エリサベツは男の子を産みます。名をヨハネとつけなさい。その子はあなたにとって喜びとなり楽しみとなり、多くの人もその誕生を喜びます。彼は主の御前にすぐれた者となるからです」（ルカ1・13―15）。この子こそ、神の子イエス様のために道備えをした預言者バプテスマのヨハネその人でした。

「ザカリヤ」という名は「ヤハウェは覚えておられた」という意味であり、「エリサベツ」は「わが神は誓い」、「ヨハネ」は「ヤハウェはいつくしみ深い」という意味だそうです。御使いの言葉は「喜びのおとずれ」（1・19）でしたが、その言葉を信じなかったため、言葉の実現する日までザカリヤはものが言えなくなってしまいます。

マリヤの懐妊

その後、妻エリサベツは御使いの言葉通り、みごもりました。彼女も夫に語られた御使いのお告げを、最初は信じられなかったかもしれませんが、やがてお腹はふくらんできますし、胎動も感じられるようになったことでしょう。「主は、人中で私の恥を取り除こうと心にかけられ、今、私をこのようにしてくださいました」（1・25）と、五か月間ひきこもり、喜びの言葉を語っています。そしてエリサベツの妊娠六か月目に、マリヤのところに御使いガブリエルが処女降誕を知らせに来ました。

御使いガブリエルの到来に、マリヤもこわがり、その言葉にひどくとまどったことが書かれています。結婚前に聖霊によってみごもり、男の子を産むこと、その名をイエスとつけること、その子は神の子と呼ばれること。次から次へと突拍子もないような信じがたい言葉を告げられました。当時のユダヤ社会において、結婚していないのに妊娠などしたら、重大な罪です。婚約者ヨセフにもなんと言ったら信じてもらえるでしょうか。彼女には受け止めきれないような大きな出来事がいきなりやってきました。頭ではぐるぐるといろんな対応について考えつつも、心は押しつぶされそうになっていたかもしれません。しかし、御使いは最後にこう言います。「ご覧なさい。あなたの親類のエリサベツも、あの年になって男の子を宿しています。不妊の女といわれていた人なのに、今はもう六か月です。神にとって不可能なことは一つもありません」（1・36―37）。

その言葉を聞いたマリヤは、「ほんとうに私は主のはしためです。どうぞ、あなたのおことばどおりこの身になりますように」（1・38）と語ることができました。このマリヤの信仰深い言葉ばかりがクローズアップされてきたように思いますが、この言葉の背後には、エリサベツの存在が大きかったのではないでしょうか。不妊の女エリサベツの懐妊の事実は、マリヤにとって神様の言葉を受け入れるために必要な出来事でした。たとえ婚約者や周りの人々に信じてもらえなくても、同じような経験をした親類のエリサベツにならわかってもらえるのではないか。彼女のもとに行こう。私の話を聞いてもらおう。そして彼女の話も聞いてみよう。そういった思いに駆られたのではないでしょうか。

エリサベツのもとに

「そのころ、マリヤは立って、山地にあるユダの町に急いだ。そしてザカリヤの家に行って、エリサベツにあいさつした」（1・39―40）。エリサベツがマリヤのあいさつを聞いた時、子が胎内でおどり、彼女は聖霊に満たされました。そして大声でマリヤを祝福します。それに答えるかのようにマリヤの賛歌も生まれます。

エリサベツは語りました。「あなたは女の中の祝福された方。あなたの胎の実も祝福されています。私の主の母が私のところに来られるとは、何ということでしょう。ほんとうに、あなたのあいさつの声が私の耳に入ったとき、私の胎内で子どもが喜んでおどりました。主によって語られたことは必ず実現すると信じきった人は、何と幸いなことでしょう」（1・42―45）。

エリサベツがマリヤにかけた祝福の言葉、ともに分かち合った喜び、これらの言葉が、マリヤにどれほどの安心と喜びを与えたことでしょうか。二人は三か月ほどともに暮らし、その後マリヤは帰っていきました。そして月が満ちて、エリサベツは男の子を産み、ヨハネと名づけました。不妊の女が母親となったのです。神様の言葉の通りでした。

信仰による結びつき

マリヤは当時十代だったのではないかと言われていますので、老年のエリサベツとの間には四十年、五十年、もしかしたら六十年ほどの年の差があったかもしれません。しかし、二人には年の差を超えた「信仰」という強い結びつきがありました。

そして現在でも、教会という神の家族の中では、社会の中で薄れてきた世代を超えた交わりが存在しています。赤ちゃんからお年寄りまであらゆる世代の人々がいて、家族のように愛し合い、支え合う交わりがあります。もちろん、罪人の集まりですから、いいことばかりではないでしょう。問題のない教会も家庭もありません。しかし、罪人であるという一致、イエス様に救われるしかない者だという一致が、クリスチャンの交わりにはあるのです。

夫の神学校入学後、奉仕教会は毎年変わりましたし、学生伝道の働きについてからも転勤があり、三、四年ごとに出席教会が変わりました。さまざまな教団、さまざまな地方の教会も見させていただきました。たとえ短い期間であったとしても、教会で出会った方々との信仰の交わり、祈りの交わりの結びつきはとても大きいものでした。姉のように、母のように私のことを祈ってくれる方々、支えてくれる方々、信仰の喜びを分かち合ってくれる方々……。何かあったら、駆けつけてでも一緒に祈ってもらいたいと思えるような信仰の友がいます。たとえ体は遠くにあったとしても、心では祈りで結ばれている幸いな交わりがあります。

若い頃から多くの方に祈っていただいてきたので、私も年下の方たちに寄り添い、彼女たちが抱える結婚、仕事、進路などについて祈っていきたいと思わされるようになりました。十五歳、二十歳、三十歳下の年の離れた姉妹たちとの交わりも、実に幸いな時です。「だれにも話せなかった悩みを、ようやく大人の女の人に聞いてもらえました」と言われたことがありました。とても嬉しい言葉でした。

マリヤのあいさつを聞いた時にエリサベツも聖霊に満たされたように、信仰の友との交わりは、どちらかだけが一方的に恵まれ、喜ぶものではありません。ともに恵みや喜びを分かち合い、また苦しみや悲しみを分け合うものであると思います。互いの信仰を励まし合い、主の素晴らしさを分かち合う祈りと交わりの時を、生涯持ち続けていきたいと思っています。

Chapter 10
イエスの母マリヤ

マリヤは言った。
「わがたましいは主をあがめ、
わが霊は、わが救い主なる神を喜びたたえます。
主はこの卑しいはしためにも
目を留めてくださったからです。
ほんとうに、これから後、どの時代の人々も、
私をしあわせ者と思うでしょう。
力ある方が、
私に大きなことをしてくださいました。
その御名は聖《きよ》く、

思い巡らし

そのあわれみは、主を恐れかしこむ者に、
代々にわたって及びます」。

（ルカの福音書1章46―50節）

みことばを信じきる

マリヤの受胎告知とそれを受け入れた過程については、エリサベツの章でも記しました。マリヤは救い主の母だからといって、決して特別な女性だったわけではないと思います。ガリラヤのナザレという町に住む、目立たないつつましやかな女性だったのではないでしょうか。エリサベツがマリヤに語る時は、「大声をあげて言った」（ルカ1・42）とある一方で、あの有名なマリヤの賛歌を語る時はただ「言った」（1・46）と書かれているのみです。静かな内省的な性格だったのかもしれません。

しかし、エリサベツの言葉によって「主によって語られたことは必ず実現すると信じきった」「幸いな」（1・45）人であったことがわかります。目立たない静かな年若い娘であったとしても、神様の子を宿す母として選ばれたマリヤには、第一に「みことばを信じきった信仰」がありました。そして、それこそが神様が私たちに求めるものです。

へりくだる

マリヤの賛歌は、ラテン語で「マグニフィカト」「主を崇める」という意味で呼び表されてきました。その賛歌は「わが救い主なる神」（1・47）と、個人的な魂の救い主をほめたたえるところから始まります。自身に対する神様の恵みに対する感謝、主を恐れる者へのあわれみ、特に低い者、飢えた者へのあわれみ、イスラエルの救いが語られます。「心の思いの高ぶっている者」や「権力ある者」、「富む者」ではなく、「低い者」、「飢えた者」にかけられる主のあわれみが強調されているように感じます。

「主はこの卑しいはしために／目を留めてくださった」（1・48）とある通り、マリヤの信仰の姿勢の第二は、「へりくだり」だったと言えるでしょう。そしてこのへりくだった姿勢も、神様が愛される信仰の資質の一つであると言えます。

心に納め、思い巡らす

また、マリヤの信仰の特質は第三に、「これらのことをすべて心に納めて、思いを巡らしていた」ことです（2・19）。私たちは物事に対して「応答」するのではなく、「反応」してしまうことがいかに多い者でしょうか。だれかに言われた言葉や起こった出来事に対して、一呼吸おくことなく対応してしまい、言葉や行動で失敗することがありはしないでしょうか。

私もよく人の言葉や行動にすぐに「反応」し、カッとなってしまうことがあります。大人になったら怒ることは少なくなるだろうと若い頃は思っていましたが、何歳になっても大人げなく怒ることを経験し、情けなくなることさえあります。

すぐに理解できないことであったとしても、それを心に納めて、思いを巡らすという賢さがマリヤにはありました。わからないことがあったとしても、神様にお委ねするという従順、物事を一つ一つ受け止め、時が来るまで待つ「忍耐」という素晴らしい信仰の資質です。

私たちは早く答えがほしい、すぐに物を持ちたい、という誘惑が取り巻く社会に生きています。インターネットでボタンを押せば、その場で欲しいものが手に入ります。連絡手段にしても、返事を待つ時間を有する手紙のやりとりは減り、瞬時に会話ができるラインやチャットをする機会が増えました。そこにはじっくりと相手のことを考えて言葉を紡いでいく豊かな時間はありません。瞬時の判断で言葉を交わし合うことには長けていたとしても、悩んだり思い巡らしたりする熟考する力がなくなっているように思うのです。

大人の信仰者になる

信仰の世界もまた、すぐに祈りの答えが得られたり、物事が解決したり、といったことばかりではありません。祈りの中で主を信頼し、みことばを信じながら歩むといった忍耐と試練が問われることのほうが多いのではないでしょうか。その中で人は整えられ、キリストに似る者とされていくのです。なんでも欲しいものを手に入れて育つならば、わがままで我慢のできない子どものような人になります。思慮深く、自制心のある大人の信仰者になるために、「心に納め、思い巡らす」という姿勢は、現代の私たちにとっても実に大切な姿勢であると思います。

「祈りは人を大人にする」――神学校の校長先生が、教えてくださった言葉です。祈りをささげていく中で、自分の中にあったさまざまなものが研ぎ澄まされ、忍耐と待ち望むことを教えられ、大人の信仰者にさせられる。そういった意味だと受け止めています。

主の愛のまなざしの中で

ある時、ある人から言われた言葉に対して、「これは一体どういうことだろう?」と非常に腹が立って、怒りが鎮められないという経験をしたことがありました。その時にマリヤのことを思い出し、二、三日だれにも言わずに心に納めて思い巡らしていました。しかし、幸いなのは神様のところにその思いを持っていくことができるということです。神様に祈り、心の思いをすべて聞いていただきました。最初は何もかも投げ出して、その人やその出来事から逃げ出したいという思いに駆られていました。

しかし祈っているうちに、「このことにも神様が私に語りたいと思っていらっしゃる意味が何かあるに違いない」と思えるようになりました。そしてその後、祈りの中で静かな主の語りかけを受け止めることができました。「私がいるのだから、もう他に何もいらないではないか。何をそんなに怒っているのか。私がいる、それだけでいいではないか」と、イエス様が私を静かに見つめられる愛のまなざしの中に自分を置くことができました。この体験は、私にとって非常に大きな主との深い交わりの時となったのです。

その後、不思議とその人に出会っても怒りが続くことはなく、自分から笑顔で話しかることができました。言われたことも次第に忘れてしまい、自然にふるまうことができました。数か月してから、そのことをごく親しい友人や家族に聞いてもらう機会がありました。夫の実家に帰省していた時にも、温泉につかりながら義理の母にぽつりぽつりと話をしました。母がすべてを聞いたあとに、口を開きました。「あのな、私、最近ルカの福音書を読んでいて、マリヤさんが『これらのことをすべて心に納めて、思いを巡らしていた』という箇所を読んでいてな、いろんなことに対して賢い対応するなあ、これは裕香ちゃんのことみたいやな、と思ったんやわ」。

もうその言葉だけで十分でした。私は決してマリヤのように賢く従順な女性ではなく、すぐに怒り、人を裁くような者です。そんな者なのに、義理の母が私のことをマリヤさんみたいや、と見ていてくれたことが心の底から嬉しかったですし、神様からのご褒美の言葉のように思われました。体だけではなく、心も魂も神様の恵みの温泉につかって温まったような気持ちになりました。

マリヤの生涯

マリヤの生涯は、その後もすぐには受け止めきれない事柄の連続でした。イエス様が十二歳になり、エルサレムに上った際も、息子の知恵と言葉に驚かされました。その時も「母はこれらのことをみな、心に留めておいた」（2・51）のです。その後、カナの婚礼において最初の奇跡を息子が行った時も、「あの方が言われることを、何でもしてあげてください」（ヨハネ2・5）と、彼女の柔らかな信仰の姿勢を見ることができます。

マリヤの最大の試練は、愛する息子イエス様が十字架にかけられた時だったでしょう。十字架のそばにイエスの母が立っていた、ということが記されていますので、見るに耐えないような息子の苦しむ姿に最後まで付き添っていたことがわかります。マリヤは十字架の上からイエス様に声をかけられ、弟子のヨハネにその身を託されました。

「どうしてこんなことが？」と神様に問いたくなるような事柄が次々に起こっても、みことばを信じきり、へりくだり、すべてのことを心に納めて思い巡らすという信仰が、彼女を生涯支え続けたのです。そして、「ほんとうに、これから後、どの時代の人々も、私をしあわせ者と思うでしょう」（ルカ1・48）とマリヤ自身が語ったように、幸いな女性として後世まで伝えられてきたのです。現代の私たちにとっても、非常に重要なことを彼女の信仰の姿勢から教えられるのは、なんと幸いなことでしょうか。

Chapter 11 サマリヤの女

新生

主はユダヤを去って、またガリラヤへ行かれた。しかし、サマリヤを通って行かなければならなかった。それで主は、ヤコブがその子ヨセフに与えた地所に近いスカルというサマリヤの町に来られた。そこにはヤコブの井戸があった。イエスは旅の疲れで、井戸のかたわらに腰をおろしておられた。時は第六時ごろであった。ひとりのサマリヤの女が水をくみに来た。イエスは「わたしに水を飲ませてください」と言われた。弟子たちは食物を買いに、町へ出かけていた。そこで、そのサマリヤの女は言った。「あなたはユダヤ人なのに、どうしてサマリヤの女の私に、飲み水をお求めになるのですか」。――ユダヤ人はサマリヤ人とつきあいをしなかったからである。――イエスは答えて言われた。「もしあなたが神の賜物を知り、また、あなたに水を飲ませてくれと言う者がだれであるかを知っていたなら、あなたのほうでその人に求めたことでしょう。そしてその人はあなたに生ける水を与えたことでしょう」。

……イエスは答えて言われた。「この水を飲む者はだれでも、また渇きます。しかし、わたしが与える水を飲む者はだれでも、決して渇くことがありません。わたしが与える水は、その人のうちで泉となり、永遠のいのちへの水がわき出ます」。女はイエスに言った。「先生。私が渇くことがなく、もうここまでくみに来なくてもよいように、その水を私に下さい」。

（ヨハネの福音書4章3―10節、13―15節）

サマリヤの女との出会い

イエス様がユダヤからガリラヤへ行こうとされていた時のこと、サマリヤの町を通られました。ユダヤからガリラヤへの最短コースだったにもかかわらず、多くのユダヤ人たちはサマリヤを避けるコースをとっていました。なぜなら9節にあるように、「ユダヤ人はサマリヤ人とつきあいをしなかったから」でした。サマリヤ人は混血民族であり、偶像礼拝をしていたからです。しかし、イエス様は違いました。「サマリヤを通って行かなければならなかった」(4・4)。この一文に私は感動を覚えます。サマリヤの女と出会うために、イエス様はこの町に来られたのです。たった一人の魂めがけて近づいてくださる主の素晴らしさを思います。

また、ユダヤ教のラビが女性に話しかけたり、ユダヤ人がサマリヤ人に話しかけたりすることなどなかったのに、イエス様は自らサマリヤの女に話しかけられました。サマリヤの女本人も驚いていますし(4・9)、弟子たちも不思議に思ったとあります(4・27)。イエス様が入れない場所、語りかけられない人はないのだということ、人間の常識や習慣などはるかに超えて魂に届くお方なのだということを、しみじみと思わされます。

生ける水

イエス様は井戸のかたわらに腰をおろされました。そこに一人の女が水をくみに来たのです。「わたしに水を飲ませてください」と言われた女は、ユダヤ人のラビから声をかけられたことに驚きつつも、イエス様が言う「生ける水」をどこから手に入れるのか、と質問します。イエス様は女に答えられます。生ける水とは、私が与えるということ、その水を飲む者は決して渇かないこと、その人のうちで泉となり、永遠のいのちへの水が湧き出るのだということ。しかし、彼女にはその意味がわからなかったのでしょうか。イエス様のことを「先生」と認めながらも、「もうここまでくみに来なくてもよいように、その水を私に下さい」（4・15）と答えました。

「あなたが言ったことはほんとうです」

するとイエス様は、彼女の心に鋭く深く刺さる言葉を語られました。「行って、あなたの夫をここに呼んで来なさい」（4・16）。「女は答えて言った。『私には夫はありません』。イエスは言われた。『私には夫がないというのは、もっともです。あなたには夫が五人あったが、今あなたといっしょにいるのは、あなたの夫ではないからです。あなたが言ったことはほんとうです』」（4・17―18）。

初めて出会ったラビに自分の姿を言い当てられ、彼女は「先生。あなたは預言者だと思います」（4・19）と言葉にしました。後に「私のしたこと全部を私に言った人」

アンニーバレ・カラッチ「キリストとサマリヤの女」（1602-03年頃）
バロック期のイタリアの画家。5回結婚し、今は夫ではない人と暮らしていた女のことを言い当てたキリストとの出会い。

（4・29）であるとも認めています。なぜ彼女が第六時頃という真っ昼間のだれも水くみに来ないような時間に一人で水をくみに来ていたかというと、五人の夫と結婚していたことがあり、今一緒にいるのは夫ではない人だったからです。いつも人目を避けて行動していたのでしょう。

もし私がサマリヤの女の立場であったなら、だれにも知られたくないような自分のことを言われた段階で、恥ずかしくてその場を立ち去っていたかもしれません。しかし、イエス様の言葉の響きには、そうさせないものがあったのではないでしょうか。「もっともです」「あなたが言ったことはほんとうです」というイエス様の言葉は、「その通りだね。本当だね」「よくありのままのことを言ったね」という響きなのです。そして、この場にはイエス様と彼女の二人きりでした。恥ずかしい罪の場所を問われる時、ほかの人がいないところでイエス様は静かに女に迫ったのです。

霊とまことによる礼拝

女はイエス様との会話を続けました。彼女がイエス様のことを預言者だと認め、礼拝についての話を始めると、「女の方」（ギリシャ語でギュナイ）と、敬意をもって彼女に呼びかけられ、「霊とまことによる礼拝」について話を始められました。礼拝の場所が問題なのではなく、「真の礼拝者たちが霊とまことによって父を礼拝する時が来ます」（4・23）と。そして、「わたしの言うことを信じなさい」（4・21）、「あなたと話しているこのわたしがそれです」（4・26）と、自らがメシヤであることを力強く語られました。

女はその後、自分の水がめを置いて町へ行き、「この方がキリストなのでしょうか」と人々に言いに行きました（4・28、29）。すると、「サマリヤ人のうち多くの者が、『あの方は、私がしたこと全部を私に言った』と証言したその女のことばによってイエスを信じた」(4・39)のです。

変えられた人生

それまで人目を避けて行動していた女は、自ら町中に出て行き、イエス様のことを伝え、その証言によってサマリヤの多くの人たちが救われました。女はイエス様と出会ったことによって変えられたのです。また、「もう私たちは、あなたが話したことによって信じているのではありません。自分で聞いて、この方がほんとうに世の救い主だと知っているのです」(4・42)とあるように、サマリヤの人たちの人生も、イエス様と出会った女によって大きく変えられていきました。

私自身のことを振り返ってみても、イエス様との出会いによって変えられた人生であったことを思います。イエス様を救い主として受け入れる前の私は、中学校時代、友達との関係がうまくいかなくなってしまったことがきっかけで、人間関係に恐れを覚えるようになりました。しかし一人でいることも寂しく、毎日が空しくて、なんで人は生きるのだろうか、と自分の生きている意味もわからない者でした。サマリヤの女のように人とできるだけ関わらないように生きていました。大学に入学後、聖書研究会に入り、クリスチャンの友と聖書を読んだり、教会に通ったりするうちに、求道を始めました。

ある日、一人で聖書を読んでいる時に、イエス様が私の救い主であるとはっきりと信じることができました。そして、大学一年生のクリスマスに洗礼を受けました。嬉しくて嬉しくて涙が出ました。「もう私は一人で生きなくていいんだ。イエス様が私のすべてになってくださった。これからはイエス様とともに歩めばいいんだ」と。自分が生きている意味もわかりました。神様の栄光を現すために、主のために生きるのだということが。

それからは、人の目を恐れなくなりました。イエス様だけを見つめていると、イエス様だけに心を向けていると、人の評価だけでなく、自分自身を裁き、評価する思いからも解放されていったのです。それから不思議なことに、自分自身の暗かった中高生時代のこと、イエス様を信じて性格が明るく変えられたこと、夫と共に学生に伝道する働きをしていることを、全国の教会やクリスチャンキャンプなどでお話しする機会が与えられてきました。サマリヤの女のように、イエス様を人々に伝える人生へと劇的に変えられたことは、まさに神わざだと思っています。

生ける水の川が

「生ける水の川」。確かにそれは私の心の内にあります。イエス様を信じた時から泉が湧き出すように、平安と喜びと永遠のいのちへの希望がこんこんと湧き出ているのです。クリスチャンになってからの人生すべてが幸いで最高だった、というわけではありません。悲しみと涙の場所、恐れや苦しみの場所、荒野のように思えた場所も通りました。しかし、傍らにいつもイエス様がともにおられました。「なんと幸いなことでしょう。その力が、あなたにあり、その心の中にシオンへの大路のある人は。彼らは涙の谷を過ぎるときも、そこを泉のわく所とします」（詩篇84・5）。

人に言えないような恥ずかしい罪の場所、弱さの場所、そここそがイエス様とはっきりと出会える場所だと、サマリヤの女の記事を読みながら、思いを新たにしました。

Chapter 12

一人の罪深い女

赦し

さて、あるパリサイ人が、いっしょに食事をしたい、とイエスを招いたので、そのパリサイ人の家に入って食卓に着かれた。すると、その町にひとりの罪深い女がいて、イエスがパリサイ人の家で食卓に着いておられることを知り、香油の入った石膏のつぼを持って来て、泣きながら、イエスのうしろで御足のそばに立ち、涙で御足をぬらし始め、髪の毛でぬぐい、御足に口づけして、香油を塗った。イエスを招いたパリサイ人は、これを見て、「この方がもし預言者なら、自分にさわっている女がだれで、どんな女であるか知っておられるはずだ。この女は罪深い者なのだから」と心ひそかに思っていた。

……「わたしは、『この女の多くの罪は赦されている』と言います。

それは彼女がよけい愛したからです。しかし少ししか赦されない者は、少ししか愛しません」。そして女に、「あなたの罪は赦されています」と言われた。すると、いっしょに食卓にいた人たちは、心の中でこう言い始めた。「罪を赦したりするこの人は、いったいだれだろう」。しかし、イエスは女に言われた。「あなたの信仰が、あなたを救ったのです。安心して行きなさい」。（ルカの福音書7章36―39節、47―50節）

イエス様のみもとに

パリサイ人の家での出来事です。パリサイ人に招かれ、食卓に着かれたイエス様の足もとに一人の罪深い女がやってきました。彼女は「イエスがパリサイ人の家で食卓に着いておられることを知り」（ルカ7・37）、近づいてきました。当時、ユダヤ人は食事の席では体を横にして寝そべり、足は後方に投げ出していました。召使いたちにまぎれて近づいたのか、この女も客人の足もとに近づいていくことができたのでしょう。また、イエス様という方はパリサイ人や律法学者たちとも食事の席に着きましたし、「罪人」と呼ばれる人たちとも行動をともにされました。そのようなイエス様には、この罪深い女も近づいていくことができたのです。「香油の入った石膏のつぼを持って来て、泣きながら、イエスのうしろで御足のそばに立ち」(7・37―38)ました。イエス様は、私たちが罪を持っていながら近づける方であることを覚えたいと思います。

御足に口づけして香油を塗る

イエス様の足もとに近づいた女は、次に驚くべき行動に出ました。「涙で御足をぬらし始め、髪の毛でぬぐい、御足に口づけして、香油を塗った」(7・38)のです。この「口づけ」という言葉は、あいさつの意味としての「口づけ」(7・45前半)ではなく、「足に口づけしてやめませんでした」(7・45後半)という言葉と同じく、反復した長い接吻を表します。非常に気持ちのこもった、深い愛情を伴ったものでした。しかし、女性が男性に対して人前で足を涙で濡らしたり、髪の毛でぬぐったり、口づけしたりする行為は、当時も今もはしたないものと思われていたことでしょう。まして、この女は罪深い女なのです。

37節で「その町にひとりの罪深い女がいて」というのは直訳すると、「すると見よ、その町中で罪人であったような女が!」というような表現で、彼女の罪は町中に知られ

ピエール・シュブレイラス「シモン家の晩餐」(1737年)
18世紀フランスの画家。マルコとマタイの福音書では、「一人の女」。ルカでは「一人の罪深い女」、ヨハネではマルタの姉妹マリヤが香油を注いだと記される。左側に女の姿がある。

ていたようなものでした。何の罪かは具体的には書いていないのでわかりませんが、遊女だったのではないかという説も多く見受けられます。この女の一連の行動を、一緒にいたパリサイ人は冷ややかに見ていたのです。

冷ややかな視線でだれかに見下される、突き放される、そういった経験をしたことはないでしょうか。一方で、自分にもそのような冷たい面があると感じることもあります。「あの人はこうだったらしいよ」という噂に引きずられて、偏見を持って人を裁くということがあります。

多く赦された者

さて、イエス様はこの女をどのように見て

いたのでしょうか。イエス様はパリサイ人に対して一つのたとえを話されました。「ある金貸しから、ふたりの者が金を借りていた。ひとりは五百デナリ、ほかのひとりは五十デナリ借りていた。彼らは返すことができなかったので、金貸しはふたりとも赦してやった。では、ふたりのうちどちらがよけいに金貸しを愛するようになるでしょうか」（7・41―42）。

パリサイ人は、「よけいに赦してもらったほうだと思います」と答えると、イエス様は、「あなたの判断は当たっています」と言われました（7・43）。そしてイエス様は続けて話されました。

「この女を見ましたか。わたしがこの家に入って来たとき、あなたは足を洗う水をくれなかったが、この女は、涙でわたしの足をぬらし、髪の毛をぬぐってくれました。あなたは、口づけしてくれなかったが、この女は、わたしが入って来たときから足に口づけしてやめませんでした。あなたは、わたしの頭に油を塗ってくれなかったが、この女は、わたしの足に香油を塗ってくれました」（7・44―46）。

また、こうも言われました。多く赦された人ほど、多く愛することができるのだと。彼女のした行為は、愛の行為だと受け止めてくださっていたことがわかります。また、彼女の涙が自らの罪を悲しむ涙であったこともわかります。そのような彼女に、イエス様は罪の赦しの宣言をされました。

「『だから、わたしは「この女の多くの罪は赦されている」と言います。それは彼女がよけい愛したからです。しかし少ししか赦されない者は、少ししか愛しません』。そして女に、『あなたの罪は赦されています』と言われた」(7・47―48)。

『聖歌』701番「いかにけがれたる」の歌詞を思い出します。

「いかにけがれたる もののこころをも きよめたもう主は げにほむべきかな
罪けがれは いやますとも 主の恵みもまた いやますなり」

私たちは自分の罪、汚れがわかればわかるほど、主の赦し、恵みのありがたさがわかるようにされていくのです。罪、汚れを悲しみ、悔い改める涙は、イエス様に赦されることによって、感謝の涙に変えられていきます。

ローマ人への手紙5章20節で、パウロもまたこう語っています。

「罪の増し加わるところには、恵みも満ちあふれました」。

罪を赦す唯一のお方

「すると、いっしょに食卓にいた人たちは、心の中でこう言い始めた。『罪を赦したりするこの人は、いったいだれだろう』。しかし、イエスは女に言われた。『あなたの信仰が、あなたを救ったのです。安心して行きなさい』」（ルカ7・49―50）。

パリサイ人たちはじめ町の人たち、いや人間は、他の人を断罪することはできるでしょう。罪を犯している人を見て、「彼女は罪人だ。私はあれほど罪深くないからよかった」と。

しかし、罪を赦すことができるのは、ただ一人罪を犯したことがない神の御子だけです。この罪深い女は、ただまっすぐにイエス様だけを見て近づき、自分の罪に泣き、イエス様に赦された喜びと愛を全身全霊をもって表しました。そこには他の人との比較はありません。彼女のひたすらまっすぐな真実の愛は、イエス様を喜ばせたのです。

罪悪感からの解放

以前、ある青年のキャンプで女性向けの集会でお話しした時のことです。結婚前に彼との体の関係を持ってしまったということで悩み、罪悪感にずっと苦しんでいる女性が私のところに話に来ました。何度も悔い改めのお祈りをしたのですが、いつも自分を責める声が聞こえるというのです。私はその方の話を聞いているうちに、罪深い女に赦しの宣言をされたイエス様のみことばが心に浮かんできました。そして彼女との祈りの中で、「『あなたの信仰が、あなたを救ったのです。安心して行きなさい』とイエス様は言ってくださる方です」と祈りました。

私たちが悔い改める時、赦してくださる神様であること、いつまでも責め続けるお方ではないことを二人で確認した後、彼女は自分の部屋に帰って行きました。すると翌日、実に晴れやかな平安な顔をして、彼女が近づいてきました。「もう自分を責めるあの声が聞こえなくなりました」と報告に来てくれたのです。イエス様の赦しの素晴らしさを二人で喜び合いました。

私たちは繰り返し罪を犯します。そのたびに自分を責めたり、周りが自分を責めているように感じたり、罪悪感にとらわれてしまうことがあります。悔い改めても悔い改めても、赦されていないように思うことがあります。そのような時はこの罪深い女を思い出すのです。パリサイ人が責めようが、町の人が責めようが、自分が自分を責めようが、イエス様だけを見つめ、イエス様の赦しの宣言を受け取ったこの女のことを。

安心して出て行く

「安心して行きなさい」とは、「平安の中へ去りなさい」という意味です。次章の「長血の女」に言われたのと同じように、彼女の今後の生活も約束し、保証する力強い言葉です。私たちは主の赦しの中を、平安の中を歩いていきましょう。罪を犯しても犯しても、悔い改めるならば赦してくださり、何度でもやり直すことができます。

そして、赦されれば赦されるほど、主への愛は増していくのです。この罪深い女のように、まっすぐに主のみもとに近づく者になりたいと思います。

Chapter 13 長血の女

病気、体調

ところで、十二年の間長血をわずらっている女がいた。この女は多くの医者からひどいめに会わされて、自分の持ち物をみな使い果たしてしまったが、何のかいもなく、かえって悪くなる一方であった。彼女は、イエスのことを耳にして、群衆の中に紛れ込み、うしろから、イエスの着物にさわった。「お着物にさわることでもできれば、きっと直る」と考えていたからである。すると、すぐに、血の源がかれて、ひどい痛みが直ったことを、からだに感じた。

（マルコの福音書5章25―29節）

長年の苦しみ

長血とは、婦人特有の出血する病気です。子宮筋腫や子宮内膜症などの病気だったのかもしれません。彼女は「十二年の間長血をわずらってい」て（マルコ5・25）、「多くの医者からひどいめに会わされて」いましたし、医療費のために「自分の持ち物をみな使い果たしてしまっ」ていました。それでも「何のかいもなく、かえって悪くなる一方であった」（5・26）ということは、精神的にも肉体的にも非常につらい状態だったろうと思われます。もう絶望するしかないような悲惨な状態だったことでしょう。

さらに彼女を苦しめていたのは、このような病気を持つ者は、汚れた者とみなされていたことです（レビ15・25―30）。「女に漏出があって、その漏出物がからだからの血であるならば、彼女は七日間、月のさわりの状態になる。だれでも彼女に触れる者は、夕方まで汚れる」（15・19）。「もし女に、月のさわりの間ではないのに、長い日数にわたって血の漏出がある場合、あるいは月のさわりの間が過ぎても漏出がある場合、その汚れた漏出のある間中、彼女は、月のさわりの間と同じく汚れる」（15・25）という規定がありました。彼女に触れたり、彼女が座った物、使った寝床に触れたりする者も汚れるので、人がいるところに出て行くということもできなかったと思われます。

第1章のエバのところでも触れましたが、「交わり」に必要不可欠な存在として造られ、他者との関係において豊かな賜物が与えられている女性にとって、社会的に孤独であることはいかにつらいことでしょうか。このような女性が「イエスのことを耳にして、群衆の中に」（マルコ5・27）出て行ったということは、とても勇気がいることだと思いますし、「もうこの方にかけるしかない！」というような彼女の切迫感を感じます。そして、この女性の病に苦しむ姿に、私は非常に親近感を覚えるのです。

みごもりの苦しみ

女性であるならば、多かれ少なかれ女性特有の症状に悩まされた経験があるのではないでしょうか。ある時女性の集会において、月経前の症状について尋ねたことがありました。すると、「イライラする」「涙もろくなる」「食欲過多になる」「買い物したくなる」という答えが多くあがり、「髪の毛をカットしたくなる」「庭の木を切りたくなる」といった答えもありました。

私自身、二人目の子どもを出産してから、月経前症候群（PMS）という症状が重くなりました。そしてその症状に十年以上悩まされてきました。最初は「とにかく我慢するしかない。この症状が過ぎ去るまで耐えるしかない」という一心でしたが、次第にひどくなっていきました。胸の張り、頭痛、下腹部の痛みなどの肉体的苦痛もさることながら、精神的苦痛も大きなものでした。月経前になると、怒り、イライラ、落ち込みなどが激しくなり、感情をコントロールすることができなくなるのです。ものの言い方がきつくなり、物事の決定ができなくなり、ミスすることが増えます。一番ひどかった時は、体に力が入らず、寝込んでしまいました。しかし、私の場合は月経の期間が終わると、体調や気分が良くなるのです。一か月のうち、調子が良いのは一週間だけという時もありました。

見かねた夫がいろいろ調べてくれ、生活に支障が出るレベルだ、ということで産婦人科で診てもらうことになりました。この「産婦人科に行く」ということも難関でした。出産後、月経前の症状に加え、月経自体も非常に重くなっていたので、「もしかしたら子宮筋腫や子宮内膜症などの重大な子宮の病気かもしれない」という不安。また内診台で診察される時の痛みへの恐れ。幸い子宮の病気はなく、月経前症候群の薬を処方されることになりました。しかし、重い副作用も考えられたので、後に漢方薬を服用することになりました。加えて、のぼせなどの更年期の症状も年々感じるようになってきました。

このように私が女性特有の症状で苦しんでいる時、夫とともに創世記を読んでいて非常に慰められたことがありました。堕落の結果、「わたしは、あなたのみごもりのうめきと苦しみを／大いに増す。あなたは、苦しんで子を産まなければならない」（創世3・16［新改訳聖書第二版］）と神様はおっしゃいました。その箇所を読んでいた時に、「このみごもりの苦しみとは、出産時の肉体的な苦しみだけではなく、妊娠、出産に関わる女性ホルモンの変化や月経による精神的な苦しみも含まれると思う」と、夫が言ったのです。その言葉を聞いた時に、私は深い安堵を覚えました。「私の体調のことをわかってくれている。気づかってくれている」。苦痛の半分を背負ってもらった気持ちになりました。

イエス様に触れる

長血の女は、たった一人で肉体的、精神的、社会的苦痛に耐えていたのでしょうか。汚れているとされ、人前に出ることも避けていたであろう彼女は、「イエスのことを耳にして、群衆の中に紛れ込み」ました。そして「うしろから、イエスの着物にさわった」（マルコ5・27）のです。「『お着物にさわることができれば、きっと直る』と考えて

パオロ・ヴェロネーゼ「跪く女性に話しかけられるキリスト」(1546年頃)
ルネサンス期のイタリア人画家。医者に見放され、全財産を使い尽くした長血の女。彼女はイエスの着物に触れるしかなかった。

いたからである」（5・28）とありますが、「考えていた」という言葉は、ギリシャ語を直訳すると「いつも言っていた」「しっかりした考えを語った」という意味です。彼女の信仰がうかがえる言葉です。

そして、イエス様の着物に触れた時、「すぐに、血の源がかれて、ひどい痛みが直ったことを、からだに感じた」（5・29）。「直った」という言葉は完了形が使われており、永続的な癒やしを表します。彼女は出血の根源から癒やされたのです。そして痛みからも解放されました。

一方イエス様は、「自分のうちから力が外に出て行ったことに気づいて、群衆の中を振り向いて、『だれがわたしの着物にさわったのですか』と言われた」（5・30）。そして、「それをした人を知ろうとして、見回しておられた」（5・32）のです。この時の「見回した」という言葉は、ちらっと見たのではなく、じっとしらみつぶしに見回したという意味の言葉です。

その時、「女は恐れおののき」（5・33）ました。イエス様に触れるなんて大変なことをしてしまった、怒られると思ったのでしょうか。それとも汚れた病の身で人前に出たことを恐れたのでしょうか。ルカの福音書8章47節では、「女は、隠しきれないと知って、震えながら進み出」たことが記されています。そして「イエスの前に出てひれ伏し、イエスに真実を余すところなく打ち明けた」（5・33）のでした。聖書を読んでいても、はっと息を呑むような緊張を感じる場面です。

「安心して行きなさい」

するとイエス様は、こう言われたのです。「娘よ。あなたの信仰があなたを直したのです。安心して帰りなさい。病気にかからず、すこやかでいなさい」（5・34）。

先ほどの緊張がふっとほどけるかのような優しい言葉です。イエス様は女に対して、自らの身内に使う言葉で親しみをもって「娘よ」と呼びかけました。そして、彼女が「この方のお着物に触れたらきっと癒やされる」と考えていたこと、勇気をもって出てきたこと、癒やされた後、「自分の身に起こった事」を包み隠さず打ち明けたこと、それらすべてを見て、「あなたの信仰があなたを直した」と言われました。

「あなたの信仰が」とおっしゃいましたが、イエス様ご自身が群衆の中を見回して、彼女の内から信仰の言葉を引き出してくださいました。主は、私たちの内にある小さな信仰を認め、引き出し、告白させてくださるお方なのです。長血の女が自らの絶望と限界にとどまらず、イエス様のもとに近づいたことこそが、癒やしの第一歩だったのではないでしょうか。私もまた臆さず、悪いところも何もかもすべてをもって、主のみもとに歩み寄りたいと思わされました。

そして「直した」とは、直訳すると「救った」という言葉です。続く「安心して帰りなさい」（5・34）、「安心して行きなさい」（ルカ8・48）とは、なんと慰めと慈愛に満ちた言葉でしょう。知り合いの牧師が、教団の記念大会で“Go in Peace”と胸に書いたTシャツをデザインして作り、皆でそれを着たことがあります。お揃いのTシャツを着て、胸の言葉に目をやると、嬉しくて笑顔になってしまいました。イエス様に救されたならば、イエス様に救われたならば、そしてイエス様とともにあるならば、どこへでも安心して行くことができる。なんと素晴らしいことでしょうか。

夫もこの言葉がとても好きで、礼拝の終わりに祝福の祈りを祈る時、必ずこの言葉を壇上から語ります。「あなたの信仰があなたを救ったのです。安心して行きなさい」。

イエス様はさらに「病気にかからず、すこやかでいなさい」と付け加えました。完全に癒やされたこと、将来への保証の言葉です。イエス様の真の癒やしは肉体の癒やしだけではありません。一番にもたらしたいのは魂が救われ、癒やされることです。イエス様は魂の医者です。そして、女性特有の体の弱さ、体調にも目をとめてくださるお方なのです。

Chapter 14 マルタ

奉仕

さて、彼らが旅を続けているうち、イエスがある村に入られると、マルタという女が喜んで家にお迎えした。彼女にはマリヤという妹がいたが、主の足もとにすわって、みことばに聞き入っていた。ところが、マルタは、いろいろもてなしのために気が落ち着かず、みもとに来て言った。「主よ。妹が私だけにおもてなしをさせているのを、何ともお思いにならないのでしょうか。私の手伝いをするように、妹におっしゃってください」。主は答えて言われた。「マルタ、マルタ。あなたは、いろいろなことを心配して、気を使っています。しかし、どうしても必要なことはわずかです。いや、一つだけです。マリヤはその良いほうを選んだのです。彼女からそれを取り上げてはいけませ

(ルカの福音書10章38―42節)

ん」。

もてなすマルタ

マルタの姿は、特に女性が共感しやすい姿ではないでしょうか。私は小さな頃からこの記事を読むたびに、「なぜイエス様は働き者のマルタをいさめたのだろう」と不思議に思っていました。よく気がつくし、イエス様をもてなす姿勢が一所懸命で、好感が持てます。女性は客人をもてなしたり、人に仕えたりすることが多いので、マルタのように気が落ち着かなくなってしまうことも多いのではないでしょうか。

私も人をお迎えすることが多いので、マルタの気持ちがよくわかります。ある時、六人の大学生を迎えることになり、一所懸命夏野菜のカレーを作っていたら、夫が味付けについて意見したことがありました。私はそれにカチンときて、喧嘩になったことがありました。普通なら怒らないことでも、するべきことに追いたてられている中ではイライラしてしまうことがあるのです。

それでは、マルタのどこに問題があったのでしょうか。

マルタはベタニヤというエルサレムから三キロほど離れた村に住んでいました。ヨハネの福音書11章には、ラザロのよみがえりの記事があります。このラザロのきょうだいがマルタと妹マリヤであったと考えられています。そして、イエス様はこのきょうだいをことさらに愛しておられたのでしょう。「イエスはマルタとその姉妹とラザロとを愛しておられた」（ヨハネ11・5）とある通りです。

イエス様はエルサレムに登る途中に、このベタニヤ村に寄られました。

喜びがいらだちに

マルタの第一の問題点、それはバラバラになった奉仕の心ではないでしょうか。イエス様をお迎えする時は、「喜んで家にお迎えした」（ルカ10・38）マルタでした。イエス様が来られると聞いて、きっとはりきって掃除をし、たくさんのごちそうを用意し、イエス様にくつろいでいただこうとしていたのでしょう。ところが、そのうち「もてなしのために気が落ち着か」なくなってしまいます（10・40）。そして、働こうとしない妹のマリヤへの怒りも芽生えてきました。そのことをイエス様は注意されたのでした。「いろいろなことを心配して、気を使ってい」ると（10・41）。この「気が落ち着かず」という言葉は、もとのギリシャ語だと、「思い煩う」「心が複数になる」「バラバラになる」という意味の言葉なのです。最初はイエス様に喜んでいただきたいという一心であったことでしょう。それが忙しく立ち働いている間に心がバラバラになっていったのです。

私にもこのようなことがよくあります。奉仕の出発点は喜びとイエス様への愛の心であったのに、体を動かしているうちにいつの間にか疲れや不満が湧き出し、「私はこんなにやっているのに！」といういらだちに変わってしまうことが。特に子どもたちのハンドベルクワイアのスタッフをしている時は、責任感から険しい表情や厳しい言葉になってしまいやすいのです。ハンドベルを演奏している時は非常に恵まれ、その和音にいやされることも多く、喜びに満たされるので、おそらく一番近くにいる家族は、私の心の変化にとまどうことも多々あると思います。練習がある日曜日の朝は「お母さんはキリキリしている」と子どもたちからもよく言われます。練習に遅れないようにと必死なのです。

人と比較する

また、マルタの問題点の第二は、人との比較です。マルタは妹のマリヤの姿勢に腹をたて、それをイエス様に言いつけます。自分はこんなに主のために働いているのに、妹は「主の足もとにすわって、みことばに聞き入っていた」(10・39)からです。マリヤがみことばに聞き入る姿勢は、実はイエス様が一番に求められる「どうしても必要な一つだけ」のことであったのに、それを理解できませんでした。マルタの働きそれ自体は、もてなしのために必要なことです。彼女が黙々と主のことだけを思って一心に働いていたならば、人のことを気にしたり、気が落ち着かなくなったりすることはなかったでしょう。しかし、人との姿勢を比べた時に、そこに怒りやいらだちや不満が出てきて、人は罪を犯しやすくなってしまうのではないでしょうか。

私たちは、人と比較することのなんと多いことでしょう。特に家族の中で兄弟姉妹と比べられることほどつらいものはありません。またよくできる友人や先輩後輩、周りの人々との比較は、私たちを苦しめます。人からの評価もそうですが、自分で自分を裁き、評価を下すということも傷つきます。

私は長女で、弟と妹がいます。幼い頃から「弟と妹と比べて、自分は損だなあ」と思うことがありました。もちろん、弟妹はかわいいですし、よくお世話もしました。しかし、我慢を強いられることや、親は自分よりも弟妹に対しての方が甘いのではないかと、割を食っているような思いになることが今でもあります。

しかし、イエス様の視点はそのようなものではありません。「マルタ、マルタ」と、注意を促すように二回も名前を呼ばれ、人との比較や自分への裁きの視点から、主にのみ目を向けるように導かれるのです。

イエス様は弟子たちの間でも、同じようなことをされたように思います。弟子たちが人と比べ合ったり、「主よ。この人はどうですか」と聞いた時も、「あなたに何のかかわりがありますか。あなたは、わたしに従いなさい」とおっしゃいました（ヨハネ21・20―22）。人との比較ではなく、まず「あなたはどうですか？」とご自身との関係を問われるお方なのです。

イエス様への怒り

そして、マルタの問題点の第三は、妹への怒りの矛先がイエス様にも向けられたということではないでしょうか。マルタは「みもとに来て言った。『主よ。妹が私だけにおもてなしをさせているのを、何ともお思いにならないのでしょうか。私の手伝いをするように、妹におっしゃってください』」（10・40）。

なんとマルタは、妹に怒って言いつけに来たばかりではなく、イエス様にも怒り、マリヤを注意するように指図したのです。きっと妹を見ているうちに、その妹に注意をしないイエス様にも怒りが沸いてきたのでしょう。「あなたは妹に対して何とも思わないのですか」、「あなたが注意しないから、私だけがこんなに大変になるのではないですか」と言わんばかりに、イエス様に意見したのです。

イエス様に意見するとは、恐れ多いことかもしれません。しかし、イエス様はそのマルタの怒りを受け止めつつ、「マルタ、マルタ」と彼女の名を愛を込めて呼び、一番大切なことを教えようとされました。イエス様の答えはこうでした。「マルタ、マルタ。あなたは、いろいろなことを心配して、気を使っています。しかし、どうしても必要なことはわずかです。いや、一つだけです。マリヤはその良いほうを選んだのです。彼女からそれを取り上げてはいけません」(10・42)。

マリヤが選んだ「良いほう」とは

この「良いほう」とは、「良い分」という意味の言葉で、食事の分量を表す言葉です。実にマリヤが選んだ「良い分」とは、私たちの霊の糧であるみことばをいただくことなのです。特にマリヤの姿勢は、「主の足もとにすわって、みことばに聞き入っていた」

（10・39）とある通り、主の足もとに座るへりくだりの心、低いところからみことばをいただく姿勢です。へりくだり、低いところに自らを置くとき、そこには人との比較や人への裁きはありません。

また「みことばに聞き入っていた」という姿勢には、ただ「聞く」のではない、「傾聴」という言葉が思い浮かびます。耳だけではなく、心も体も丸ごと主に委ねるような聞き方ではなかったでしょうか。そのような聞き方をする時、姉が自分を評価する声や周り

ユスタッシュ・ル・シュウール「マルタとマリヤの家のキリスト」（1653年頃）
フランス古典主義時代の画家。マルタはイエスの話に耳を傾ける妹に腹を立てる。「私ばかりにおもてなしさせて！」

の人々はきっと見えなくなって、主のみが見えていたことでしょう。主の声のみが聞こえてきたことでしょう。そのようにみことばに教えられ、みことばに導かれる人生は実に幸いです。

しかし、一方でマルタにも慕わしい点があるのではないでしょうか。人間らしい怒りやいらだちや比較の心を、イエス様の「みもとに来て言った」(10・40)という点です。この箇所全体を読んでみて、私はマルタとイエス様との距離の近さを感じました。長女体質のマルタが、イエス様にだだをこねて、妹のことを言いつけに行ったような、イエス様に甘えているような、そんな読み方もできるのではないかと思いました。そしてそれを優しくいさめているようなイエス様の姿も思い浮かびました。イエス様に怒りを向けたり、言いつけに行ったりする私たちをも、主は受け止めてくださり、本当に大切なものは何かを主との親しい交わりの中で気づかせてくださいます。

ですから、私たちは主のみそばに行くということが大切なのです。人と比較して苦しんだり、自分や人を裁いたり、神様にも怒りを向けてしまうような時でさえ、イエス様のみもとに行くことによって、みことばをいただくことによって、私たちは絶えず変えられていくことができるのです。日々私の分の良いものをいただくために、主のみもとに座り、低い心でみことばに聞いていきたいと思います。

Chapter 15 マグダラのマリヤ

応答

イエスは彼女に言われた。「マリヤ」。彼女は振り向いて、ヘブル語で、「ラボニ（すなわち、先生）」とイエスに言った。イエスは彼女に言われた。「わたしにすがりついていてはいけません。わたしはまだ父のもとに上っていないからです。わたしの兄弟たちのところに行って、彼らに『わたしは、わたしの父またあなたがたの父、わたしの神またあなたがたの神のもとに上る』と告げなさい」。マグダラのマリヤは、行って、「私は主にお目にかかりました」と言い、また、主が彼女にこれらのことを話されたと弟子たちに告げた。

（ヨハネの福音書20章16―18節）

十字架と復活の象徴

マグダラのマリヤは、キリストの復活の最初の証人の一人です。十字架のみもとにもいたとされる彼女は、多くの西洋美術にも描かれています。私は美術館に行くのが好きなのですが、エル・グレコの「マグダラのマリヤ」には特に見入ってしまいました。鮮やかなブルーを背景に、憂いを秘めたような表情のマリヤが座っています。また別の絵画では、十字架のもとに座っていたり、十字架やどくろを抱えていたりするものもあります。彼女の存在は、イエス様の十字架と復活の象徴として、描かれているのです。

マグダラとは、このマリヤの出身地とみられるガリラヤ湖の都市のことで、彼女が最初に聖書に出てくるのは、ルカの福音書8章1節から3節です。

「その後、イエスは、神の国を説き、その福音を宣べ伝えながら、町や村を次から次に旅をしておられた。十二弟子もお供をした。また、悪霊や病気を直していただいた女たち、すなわち、七つの悪霊を追い出していただいたマグダラの女と呼ばれるマリヤ、自分の財産をもって彼らに仕えているヘロデの執事クーザの妻ヨハンナ、スザンナ、そのほか大ぜいの女たちもいっしょであった」(8・1―3)。

エル・グレコ「マグダラのマリヤの悔い改め」（1580-85年頃）

イラクリオン（現ギリシャのクレタ島）出身の画家。キリストの復活の最初の証人。香油の壺、どくろ等と一緒に描かれることも多い。女弟子の一人。十字架のみもとにもいたとされる。男の弟子が逃げても、彼女はずっとみそばにいた。

当時、十二弟子とともに女の弟子たちもイエス様に仕えていたことがわかります。そして、その弟子たちの最初にマリヤが記されていること、十字架、復活の場面にも居合わせていることなどから、女弟子の筆頭だったと考えてよいのではないでしょうか。

マグダラのマリヤは「七つの悪霊を追い出していただいた」とあります。自分ではどうしようもないとらわれの状態から、イエス様によって解放された女性だったのです。彼女は娼婦だった、罪深い女だったという説もあり、いずれにせよ、どん底の状態から救われてイエス様の弟子になった女性だったと思われます。しかし、赦された罪の大きさは仕える喜びに変わり、男の弟子たちが逃げてしまったあとでも、十字架のそばにたたずんでいることになりました。きっとイエス様のそばを離れることなどできなかったのでしょう。

そして埋葬された墓にも、ほかの女弟子とともに香料を持ってやってきました。そこで復活の主にまみえることになるのです。どんな時でもイエス様のおそばにいることの大切さを思わされます。

墓に来たマリヤ

「さて、週の初めの日に、マグダラのマリヤは、朝早くまだ暗いうちに墓に来た。そして、墓から石が取りのけてあるのを見た」（ヨハネ20・1）。

週の初めの日とは日曜日です。その前週の金曜日にイエス様は埋葬されましたが、土曜日は安息日のため、墓に来ることはできませんでした。女性たちは朝になるのを待って、急いで向かったのでしょう。すると、墓から石が取り除けてあったので、「だれかが墓から主を取って行」（20・2）ったと思い、ペテロともうひとりの弟子のところに報告に行きました。しかし、墓の中を確認してみると、亜麻布が置かれていただけでした。ある弟子は信じましたが、「彼らは、イエスが死人の中からよみがえらなければならないという聖書を、まだ理解していなかった」（20・9）のです。弟子たちは帰っていきました。しかし、「マリヤは外で墓のところにたたずんで泣いていた。そして、泣きながら、からだをかがめて墓の中をのぞき込んだ」（20・11）。

マリヤはすぐにでも傷ついたイエス様の体に香料を塗って差し上げたいという一心で、早朝墓に来たのにもかかわらず、だれかが愛する主を取って行ってしまった、という事実に泣くしかありませんでした。彼女の絶望はいかほどだったことでしょう。しかし、泣きながらも墓の中をのぞくと、二人の御使いが見えました。そして、「なぜ泣いているのですか」と問われ、マリヤは「だれかが私の主を取って行きました。どこに置いたのか、私にはわからないのです」（20・13）と答えました。悲しみのあまり混乱しているような印象を受ける言葉です。

主の呼びかけ

彼女がそう言ってから振り向くと、イエス様が立っておられるのが見えましたが、「彼女にはイエスであることがわからなかった」（20・14）ようです。すると、イエス様が問われます。「なぜ泣いているのですか。だれを捜しているのですか」（20・15）。新改訳聖書第三版では訳されていませんが、この「なぜ」の前には「ギュナイ」という女性に対する呼びかけの言葉があります。イエス様は、「女の方」（新改訳聖書2017）と優しくマリヤに呼びかけられたのです。口語訳聖書では「女よ」、新共同訳聖書では「婦人よ」と訳されている言葉です。

彼女はその人を墓の管理人だと思ったようです。「あなたが、あの方を運んだのでしたら、どこに置いたのか言ってください。そうすれば私が引き取ります」（20・15）。まるっきりちぐはぐなやりとりなのですが、この言葉にもマリヤのイエス様に対する愛情と、「あの方」と呼んでいることに深い思慕がうかがえます。

すると、イエス様は「マリヤ」と呼びかけられました。その呼びかけを聞いた時に、マリヤははっきりわかったのです。この方がだれなのかと。彼女はヘブル語で「ラボニ」と答えました。ある注解書を読むと、このヘブル語とは実はアラム語で、イエス様が言われた「マリヤ」という呼びかけもアラム語のまま記されているそうです。新約聖書はギリシャ語で書かれていますが、イエス様が当時使っていたのはアラム語だったようです。いつも自分を呼んでいたその懐かしい響きに、マリヤはイエス様だとわかったのです。

名前を呼ばれること

聖書においては、名前はその人の本質を表すことがわかります。神様ご自身も、「わたしは、『わたしはある』という者である」（出エジプト3・14）と自己紹介されています。また、ベタニヤのマルタにも、「マルタ、マルタ」と親しく呼びかけられます。イエス様がその人の名前を呼んだ時、きっと呼ばれた人ははっとするような、本来の自分に立ち返ることができるような、そんな愛に満ちた呼びかけだったのではないでしょうか。

ある結婚セミナーに参加した時、夫婦で呼びかけ合うという課題がありました。妻が夫に自分の名前を呼んでもらうのですが、そこに愛情が込められていないと感じるなら、呼びかけられても首を横に振ってください、というものでした。夫も「裕香」「裕香」と必死に呼んでくれました。周りは何回も首を横に振る妻たちばかりで、夫たちは相当焦り、その様子に笑いが起きていました。しかし、ある一組の夫婦の妻のほうが突然泣き始めたのです。それは感激の涙でした。「名前を呼ばれるって本当にいいことですね。結婚してから『おい』とか『お前』とか『だれだれさんの奥さん』とか自分の名前を呼んでもらえませんでした」と。

私はその時、イエス様が名前を呼んでくださる神様であることを思い出したのです。私たちがマグダラのマリヤのように悲しみの中にいる時、どうしてよいかわからない悩みの時、私の名前を愛を込めて呼び、その悲しみや悩みから引き上げてくださるような、事の本質に気づかせてくださるのが主の呼びかけではないでしょうか。その呼びかけを聞くことができる霊の耳を開いていただき、「主よ」と応答する者でありたいと思います。

主の復活の証人に

その後、「わたしにすがりついていてはいけません」、「わたしの兄弟たちのところに行って、彼らに『わたしは、わたしの父またあなたがたの父、わたしの神またあなたがたの神のもとに上る』と告げなさい」（20・17）とイエス様は言われました。マリヤは「『私は主にお目にかかりました』と言い、また、主が彼女にこれらのことを話されたと弟子たちに告げた」（20・18）。

最初、マリヤは主にすがりついていたのでしょう。やっとお会いできた主のそばを離れたくなかったのでしょう。しかし主は、マリヤに特別な使命を与えられました。復活の証人となることです。かつて七つの悪霊にとりつかれ、絶望の中にいたマリヤはイエス様に救っていただき、何度も「マリヤ」と呼んでいただき、主に仕えることとなりました。十字架と復活の証人とされたのは、いつも主につき従っていたからではないでしょうか。いや、主のそばを離れることができない弱さがあったのかもしれません。しかし、それは幸いなことなのです。そのようなマグダラのマリヤこそ、十字架と復活の証人とされたのです。

Chapter 16

ルデヤ

仕事

ある夜、パウロは幻を見た。ひとりのマケドニヤ人が彼の前に立って、「マケドニヤに渡って来て、私たちを助けてください」と懇願するのであった。パウロがこの幻を見たとき、私たちはただちにマケドニヤへ出かけることにした。神が私たちを招いて、彼らに福音を宣べさせるのだ、と確信したからである。

そこで、私たちはトロアスから船に乗り、サモトラケに直航して、翌日ネアポリスに着いた。それからピリピに行ったが、ここはマケドニヤのこの地方第一の町で、植民都市であった。私たちはこの町に幾日か滞在した。安息日に、私たちは町の門を出て、祈り場があると思われた川岸に行き、そこに腰をおろして、集まった女たちに話した。

テアテラ市の紫布の商人で、神を敬う、ルデヤという女が聞いていたが、主は彼女の心を開いて、パウロの語る事に心を留めるようにされた。そして、彼女も、またその家族もバプテスマを受けたとき、彼女は、「私を主に忠実な者とお思いでしたら、どうか、私の家に来てお泊まりください」と言って頼み、強いてそうさせた。

（使徒の働き16章9―15節）

道が閉ざされても

ルデヤは、ヨーロッパ大陸で初めて信仰を持った女性です。現代のヨーロッパにおけるキリスト教文化の広まりを見るとき、このルデヤという一人の女性から福音が広まっていったことを思うと、感慨深い思いがします。

パウロ、テモテ、シラス、ルカたちは第二回伝道旅行の際、はじめはアジヤ州に行こうとしていましたが、聖霊によって禁じられ、フルギヤ、ガラテヤ地方を通りました。そしてムシヤからビテニヤに行こうとしましたが、またしてもそれが許されず、トロアスに下ることになりました。そこである夜、パウロは幻を見るのです。一人のマケドニヤ人が、「マケドニヤに渡って来て、私たちを助けてください」と懇願する幻でした。一行はただちに、マケドニヤに向かいました（使徒16・6―15）。

紫布の商人

パウロたちは安息日に、川岸のほとりのユダヤ人の祈り場に行きました。ピリピの町にはユダヤ人の会堂がなかったので、ユダヤ教を信じる人々は川のほとりで礼拝を行っていたようです。パウロはそこに腰をおろし、集まった女たちに話をしました。ルデヤはそのうちの一人でした。彼女はテアテラ市出身で、紫布の商人をしていました。

テアテラ市は、黙示録の七つの教会の四番目にも登場するアジヤ州の町です。商工業が盛んな都市だったようで、同業組合があり、紫の染色でも有名でした。また、太陽神テュリムノスを祭る神殿があり、ユダヤ教と異教の混合した宗教がはびこっていたと言われています。ルデヤはその中で「神を敬う」女性として、商売をしながら祈り場にいつも集っていたようです。

紫の染料は非常に高価なもので、皇帝や皇后、身分の高い人たちが身につけていました。ルデヤの家はのちに、少なくとも男性四人を泊める広さがあったことからも、裕福

Chapter 16
ルデヤ

な暮らしをしていたと考えられます。また、高貴な人たちと商売をしていたのですから、ルデヤ自身も品格のある婦人だったことでしょう。

ルデヤは仕事をしていた女性でした。私は結婚する前、宣教団体で働いていました。仕事を始めてからいつも疲れ気味で体調も崩しやすくなりました。職場の人間関係に悩んだり、上手くいかない仕事内容に焦ったり、祈りなくしてはやっていけないという日々でした。友人たちに話を聞いてみると、人間関係のつらさの他にも、思い通りに仕事がいかない時にいらだち、人を裁く、支配性が増す、仕事をすることで達成感やアイデンティティーを確かめる、周りと比較して落ち込む、などの声がありました。

これは主婦の仕事をしていてもあることです。「自分はこんなにやっているのに誰も認めてくれない」という自己憐憫の思いに陥ることもあります。仕事をするということは大変厳しいことです。その厳しさの中で主を求め、主に働いていただくことを願わざるを得ません。

主が心を開かれる

主は彼女の心を開いてくださり、パウロの語ることに心を留めるようにされました。

そして、彼女もまたその家族もバプテスマを受けました。ピリピの川岸の小さな祈りの集まりであったとしても、主が一人の婦人の心を開かれたならば、その救いは彼女自身にとどまりません。その家族、近隣の人々へと広がり、そこに教会が生まれ、パウロの伝道を後押しすることによってヨーロッパ全土へ、世界中へと広がっていきます。

私の家族の中で初めに信仰を持ったのは、母です。その後に父が救われ、私も、弟、妹も洗礼を受けました。そして、隣の家の奥さんと息子さん二人も救われ、一緒に教会に通うようになりました。母は自分の母親、義理の母親、その兄にも福音を伝えました。月一回の家庭集会を始め、今でも多くの方をキリストのもとへ導いています。一人の人が変えられたならば、その家族も親戚も、地域も変えられていく、ということを私は幼い頃からつぶさに見てきました。

ピリピの牢獄において、パウロが語った「主イエスを信じなさい。そうすれば、あなたもあなたの家族も救われます」（使徒16・31）という言葉をまさに体験した家族でした。そして、すべての始まりは、主が母という一人の女性の心を開いてくださったからなのです。

ルデヤたち家族はバプテスマを受けた後、パウロたちを自分の家に招き、泊まってもらいました。そこでもきっと多くの教えを受け、豊かな交わりの時間を持ったことでしょう。この後、パウロたちは幾度か祈り場にある川岸に行ったようです（16・16）。ピリピでは占いの霊につかれた若い女奴隷から霊を追い出したり、そのことがきっかけで牢に入れられたり、そこでも看守とその家族を救いに導いたりしました。

牢を出たパウロとシラスは、「ルデヤの家に行った。そして兄弟たちに会い、彼らを励ましてから出て行った」（16・40）とある通り、ルデヤの家はパウロの伝道の拠点として用いられ、兄弟たちが集まっていたことがわかります。この兄弟たちが中心となって、ピリピ教会が誕生したものと思われます。その後、パウロたちはテサロニケへ出発しました。パウロが後にローマの獄中から記したピリピ人への手紙には、ピリピの教会がパウロたちをよく支援していたことがうかがえます。

夫が神学生だった頃から、よく家族で家に招いてくださり、祈ってくださり、献金をささげてくださった家庭がありました。私たちは若い頃から物心両面で支えられてきたので、今度は自分たちが若い伝道者に会ったら、家に招き、ささげたいという思いが与えられていきました。「本代にしてくださいね」と献金を渡すことがこの上ない喜びとなったのです。

ささげる恵み

パウロの手紙からは、マケドニヤの諸教会が試練の中にあっても、惜しみなく施す富をささげたこと（Ⅱコリント8・2）、ピリピ教会が物を何度もやりとりしてくれたこと（ピリピ4・15―16）、エパフロデトを遣わし、贈り物を満ち足りるほど送ってくれたこと（4・18）などの支援がわかります。

伝道者たちを自分の家に強いて泊まらせて接待したり、献金と贈り物、世話をさせる人までも送ったりと、それこそ惜しみなくパウロたちの働きに仕えたのがピリピ教会だったのです。そしてその教会の中心人物がルデヤであり、彼女の仕事上のスキルや財産、人間関係なども大いに用いられていたことでしょう。

私の知人にもそのような婦人たちがいます。退職後に購入した家を、牧師先生たちのリトリートに使ってください、といつも部屋をきれいに整え、家庭集会を開き、多くの先生方の憩いの場として提供している婦人。またクリスチャンの医師として働きながら、病院の近くにゲストハウスを購入して集会を開き、ある時は女性伝道者のリトリートの場として提供している婦人。彼女たちは心から喜んで与えられたものをささげ、また彼女たち自身も恵まれている様子がわかります。主が心を開いてくださって、そのような働きをしているのです。私はどちらのゲストハウスにもうかがったことがありますが、よく手入れされた心落ち着く空間でした。そして何より彼女たちの多くの祈りが積まれた場であることもわかりました。

祈りとみことばの場に身を置く

ルデヤもいつも川岸の祈り場で祈りをささげていたのでしょう。またそこでパウロからみことばを聞いたのでしょう。異教の宗教がはびこり、同業組合もある都市において商売を続けていくことの難しさもあったことと思います。また、仕事をする上では絶えず人間関係などさまざまな問題が起こります。

ルデヤも日々祈りつつ主を仰ぎ、主のみことばに心を留めていきました。一方で、仕事をしてきたからこそ与えられたものもあったでしょう。おそらく商売をしながらつちかわれてきたさまざまな心遣いや気配りといったものも、彼女の賜物であったのではないでしょうか。伝道者パウロが欲しいと思ったもの以上のことをささげることができました。ルデヤのように、仕事によって与えられた財産をはじめ、すべてのものをもって福音の前進のために用いていく恵みに、私たちもあずかっていきたいと思います。

あとがき

美術館を巡り歩くのが好きです。ある時は友と、またある時は夫と。ぶらっと一人で行くこともあります。日常を離れて静かな空間の中で絵と対峙していると、心が静かになっていくのがわかります。絵の前でたたずみ、神様からの語りかけを聞いたり、自分の心の声を聞いたり、作者に思いを馳せたりします。執筆や講演の機会をいただくようになってから、できるだけそのような時間をとることを心がけるようになりました。

思えば、小さな頃から両親や伯母に美術館や博物館にはよく連れて行ってもらいました。「本物を見なさい」と言われて育ちました。体が弱かったため、外に遊びに行けない時は、家にあった画集を穴のあくほど見つめ、自分でも絵を描いたり本を読んだりして過ごしました。

西洋絵画では、聖書の登場人物が多く描かれています。聖書の知識があるかないかで、絵の見方もずいぶん変わってくるのではないでしょうか。上野にエル・グレコの「マグダラのマリヤ」が来ると知ったときは、是が非でも見たいと、何週間も前から楽しみにしていましたし、教会に来始めたばかりの友と展覧会を観に行き、つたないながらも聖書の人物について解説したこともありました。中でも一番うれしいのは、「こんなところに聖書の人物が描かれているなんて！」という絵との出会いです。渋谷の展覧会でルーベンスの「ヨブの妻」が描かれた作品と出会った時は、心から感動しました。今回、挿絵に西洋名画を使用させていただくことになり、一つ一つにキャプションをつける時にワクワクしました。

十六人の女性たちについて読んでみていかがでしたでしょうか。旧約聖書、新約聖書の女性たちはそれぞれ性格も立場も違いますが、神様との関わりによってその人生が大きく変えられました。私たちと同じく弱さや罪を持ちながらも、神様の側の恵みとあわれみによって、その女性らしく生きた人々でした。私自身も改めて一人一人の女性たちの人生を掘り起こすことができ、豊かな時となりました。

編集をしてくださった教文館の髙木誠一さんに心から感謝します。執筆中体調を崩した時も辛抱強く、またあたたかく励ましてくださいました。執筆のために祈り支えてくださった祈りの友たち、ともに美術館に行き、豊かな時間を過ごしてくれる友たちに、心から感謝します。聖書と美術の素晴らしさを教えてくれた両親に、そしていつも祈り支えてくれる娘と息子に、また、原稿をチェックし、女性について語った説教原稿を見せてアドバイスをくれた夫にとりわけ感謝を表したいと思います。

二〇一八年　ハナミズキの頃

大嶋裕香

追記
第2版の重版にあたり、読者からのご要望もあり、ルーベンスがヨブと妻を描いた版画を収録しました（76頁）。

《著者紹介》
大嶋裕香（おおしま・ゆか）
1973年東京都生まれ。上智大学文学部を卒業後、宣教団体でキリスト教雑誌の編集、校閲を手がける。99年にキリスト者学生会（KGK）主事の夫と結婚、一男一女の母親。現在は、主に講演・執筆活動を行っている。
著書『愛し合う二人のための結婚講座――わが家の小さな食卓から』（いのちのことば社、2015年）、『祈り合う家族になるために――家庭礼拝のススメ』（いのちのことば社、2017年）。

神に愛された女性たち　西洋名画と読む聖書

2018年6月30日　初版発行
2020年4月10日　2版発行

著　者　大嶋裕香
発行者　渡部　満
発行所　株式会社　教文館
〒104-0061 東京都中央区銀座4-5-1 電話 03(3561)5549 FAX 03(5250)5107
URL　http://www.kyobunkwan.co.jp/publishing/
印刷所　モリモト印刷株式会社

配給元　日キ販　〒162-0814　東京都新宿区新小川町9-1
電話 03(3260)5670　FAX 03(3260)5637

ISBN978-4-7642-6135-8　Printed in Japan